열두 달 우리 민속

우리 전통문화 바로알기

글 옛이야기 연구회
우리 옛이야기를 아끼고 사랑하는 작가들이 모여서 만든 연구 모임으로, 어린이들을 위해 옛날이야기, 인물이야기, 지혜이야기 등을 재미있고 쉽게 풀어 썼습니다.

그림 김연정
서울예술대학에서 시각디자인을 전공했습니다. 현재 감자꽃 회원으로 활동하고 있으며, 한국출판미술협회에서 창작동화 은상을 수상했습니다. 그동안 그린 책으로는 《토끼가 집을 지어요》, 《불이 나갔어요》, 《재주 많은 친구들》, 《알퐁스 도데》, 《감기걸린 여우》 등이 있습니다.

추천 한국아동문학인협회
동시인, 동화 작가, 동극 작가, 평론가 등 아동문학인 600여 명이 회원으로 활동하는 문학 단체입니다. 우수 어린이책 선정, 문학 세미나, 기관지 발간, 어린이를 위한 행사 후원, 아동문학인 주소록 발간, 연간 작품집 발간 등 아동 문학과 관련된 사업을 벌이고 있으며, 《나팔꽃이 피었다》 등 많은 창작 동화를 출간했습니다.

열두달 우리 민속

우리 전통문화 바로알기

옛이야기 연구회 글 | 김연정 그림
한국아동문학인협회 추천

주니어김영사

우리 조상들의 삶의 지혜와
흥취를 배워 보세요!

'민속'이란 "과거로부터 현재까지 그리고 미래에도 민족의 일상 생활 문화에서 밑바탕이 되고 강한 활력이 되며 항상 새로운 의의를 발휘할 수 있는 문화이다."입니다. 또는 민간 생활과 결부된 신앙, 습관, 풍속, 전설, 기술, 전승 문화 따위를 통틀어 이르는 말이기도 하지요.

우리 조상들은 예부터 계절별로, 달별로, 절기별로 12달 내내 다양한 민속 행사를 즐겨왔습니다. 그런데 이 민속 행사들을 자세히 살펴보면, 자연 환경과 굉장히 밀접한 관련이 있습니다. 지금처럼 과학 기술이 발달하지 않았을 때는 자연에 순응하고 맞춰가는 게 매우 중요한 일이었으니까요. 요즘 우리들은 자연 환경에 순응하기보다는 우리가 살기 편하게 끊임없이 개발하고 있습니다. 기후도 바뀌어 가고 과

학 기술이 발달해, 옛날만큼 민속 행사가 삶에 직접적인 영향을 미치지는 않습니다.

하지만 우리는 민속 문화를 아는 것이 매우 중요합니다. 그 까닭은 민속이 바로 우리 조상들이 살아온 삶의 자취이고 오늘의 우리를 있게 한 힘이기 때문입니다. 그렇기에 풍속이나 습관, 유래를 익히면서 우리는 자연스럽게 선조들의 삶과 지혜를 배울 수 있습니다. 이 책은 옛이야기를 아끼고 과거의 전통을 소중하게 생각하는 선생님들이 모여 어린이들에게 우리 조상의 삶과 문화를 알리기 위해 쓴 책입니다. 많은 민속 자료들을 토대로 1월부터 12월까지 있는 중요한 우리 민속 가운데에서 19가지를 뽑았습니다.

어린이들이 재미있게 읽으면서 조상들의 삶의 지혜와 흥취를 배워 보는 계기가 되길 바랍니다.

한국아동문학인협회

머리말

열두 달 소중한 우리 민속에는

무엇이 있을까?

어린이 여러분은 더위를 팔아본 적이 있나요?

여러분의 엄마 아빠들이 어렸을 때는 대보름날이 되면, "내 더위 사 가라."라며 다른 사람에게 더위를 팔았답니다. 하지만 요즘도 음력 1월 15일이 되면, 밤, 호두, 잣, 은행 같은 단단한 열매를 깨물어 먹는 '부럼'이라는 풍습이 남아 있지요. 이날은 다섯 가지 곡식으로 지은 오곡밥을 먹어요. 이렇게 부럼을 깨먹고 오곡밥을 먹으면 한 해 동안 종기나 부스럼이 생기지도 않고, 여름에 더위를 먹지 않는다고 믿어요. 그런데 이런 풍습이 모두 과학적인 근거가 있는 것이래요. 겨울 동안 신선한 과일이나 채소를 먹을 수 없었던 옛날에는 겨울을 넘길 때쯤 영양분이 부족해지므로 이런 풍습을 통해 부족한 영양분을 채우

는 노력을 했던 것이랍니다.

정말 지혜가 가득하고 과학적이지요?

〈열두 달 우리 민속〉에는 1월의 설날, 대보름, 입춘, 2월의 중화절, 경칩, 한식, 3월의 삼짇날, 4월의 초파일, 5월의 단오와 망종, 6월의 유두와 삼복, 7월의 칠석, 8월의 한가위, 9월의 중양절, 10월의 상달, 11월의 동지, 12월의 납일과 섣달그믐 등을 다루었습니다. 각 달의 행사마다 어떤 맛있는 전통 음식을 나눠먹었고, 어떤 신나는 민속놀이를 했는지, 뿐만 아니라 언제 허물어진 집을 손질하고 조상의 묘를 돌보는 일을 했는지도 자세히 다루었어요.

열두 달 민속은 초등학교 교과서에서도 다루고 있는 중요한 분야랍니다. 물론 이 책에서는 교과서에서 미처 소개하지 못한 내용까지 더 재미있고 자세하고 담고 있어요. 어린이 여러분이 이 책을 통해 소중한 우리 민속들에는 무엇이 있는지 잘 알 수 있기를 바랍니다.

옛이야기 연구회

차례

10 … 1월 | 설날 10 · 대보름 19 · 입춘 32

35 … 2월 | 중화절 35 · 경칩 36 · 한식 38

43 … 3월 | 삼짇날 43

45 … 4월 | 초파일 45

49 … 5월 | 단오 49 · 망종 62

65 … 6월 | 유두 65 · 삼복 68

73 ... 7월 | 칠석 73

80 ... 8월 | 한가위 80

90 ... 9월 | 중양절 90

96 ... 10월 | 상달 96

106 ... 11월 | 동지 106

111 ... 12월 | 납일 111 · 섣달 그믐 115

1월

설날에는 어른 아이 할 것 없이 모두
새해를 맞이하여 새로운 희망에 차 있습니다.
설날이 되면 한 해의 계획을 세우고
보다 나은 모습으로 변할 것을 다짐합니다.

설날

● **차례와 세배**

음력 정월 초하룻날, 곧 1월 1일을 '설' 또는 '설날'이라고 합니다. 이 날은 어른 아이 할 것 없이 모두 새해를 맞이하여 새로운 희망에 차 있습니다.

왜냐하면 설날은 묵은해가 가고 새로운 해가 시작되는 날이기 때문입니다.

그래서 우리는 설날이 되면 한 해의 계획을 세우고 좀 더 나은 모습으로 변할 것을 다짐합니다.

설날 아침에는 일찍 일어나 세수를 하고 차례를 지냅니다.

옛날에는 설날이 되면 설빔이라고 하여 아이들과 어른들 모두 새 옷을 입었습니다. 어머니들이 미리 옷감을 마련해 두었다가 설날에 입을 수 있도록 만들어 주었습니다. 바지저고리와 조끼, 버선과 대님 그리고 외투에 해당하는 두루마기와 도포까지 한 벌을 모두 새로 갖추었습니다. 형편이 어려워 새 옷을 마련하지 못할 때는 헌 옷을 새 옷처럼 깨끗이 손질해 입었습니다. 설빔으로 갈아입은 가족들은 모두 함께 차례를 지냈습니다. 차례란 설이나 추석 같은 명절에 돌아가신 조상들을 위해 지내는 제사를 말합니다.

설날 차례 때는 차례 상에 떡국을 올렸습니다. 지금은 방앗간에서 기계로 떡을 만들지만, 옛날에는 집집마다 직접 떡메로 쌀을 쳐서 떡을 만들었습니다. 그래서 섣달 그믐날이 되면 이 집 저 집에서 떡 치는 소리가 들렸습니다.

　차례가 끝나면, 웃어른께 새해 인사를 올렸습니다. 이렇게 새해 아침에 드리는 절을 '세배'라고 합니다.

　가족들은 먼저 집안에 계신 할아버지, 할머니, 아버지, 어머니께 세배를 드리고, 떡국으로 아침 식사를 하고 나서 동네 어른들과 일가친척들을 찾아 세배를 했습니다.

세배를 받은 어른들은 덕담을 해 주었습니다.

덕담이란 상대가 잘 되기를 바라는 뜻에서 하는 말입니다.

몸이 약한 아이에게는 한 해를 건강하게 보내라는 덕담을 해 주고, 말썽꾸러기 아이에게는 좀 더 의젓해지라는 덕담을 해 주었습니다. 이 때 세뱃돈을 주기도 했습니다.

● **열두 가지 동물의 날**

옛날에는 연, 월, 일과 시간을 지금처럼 숫자로 표시하지 않았습니다. 숫자 대신 쥐, 소, 호랑이, 토끼 등의 열두 가지 동물로 나타냈습니다.

그래서 쥐해에 태어난 사람은 '쥐띠', 호랑이해에 태어난 사람은 '호랑이띠'라고 했습니다. 어린이 여러분도 모두 자신이 태어난 해에 해당하는 띠가 있을 것입니다.

설날은 새해의 첫날입니다. 그리고 설날부터 십여 일 동안을 '정초'라고 합니다. '정월(正月) 초순(初旬)'이라고도 합니다.

사람들은 정초에 탈이 없어야 일 년 내내 운수가 좋다고 생각했습니다. 그래서 설날부터 무슨 날인가를 따졌습니다.

만약 설날이 개, 소, 토끼, 돼지 등 털 있는 짐승의 날이면 그 해에 풍년이 든다고 생각했습니다. 곡식이 짐승의 털처럼 무성할 것이라고 생각한 것입니다.

이렇게 열두 가지 동물에 따라 각각 다른 의미를 붙였습니다. 그 중 몇 가지를 살펴보면 다음과 같습니다.

소날(丑日)에는 소나 말처럼 일하는 가축을 쉬게 하고 좋은 먹이를 주었습니다. 사람을 위해 일 년 내내 일하는 데 대한 감사의 표시였습니다.

토끼날(卯日)에는 남자가 먼저 일어나 문지방을 넘어야 여자들이 나와서 아침밥을 지었습니다. 그래야 집에 복이 들어온다고 믿었기 때문입니다.

뱀날(蛇日)에는 아이들이 막대 끝에 새끼줄을 매달고 '뱀 친다!'라고 소리치며 온 집안을 끌고 다녔습니다. 그러면 그 해에는 집 안에 뱀이 들어오지 않는다고 믿었습니다.

● 윷놀이, 널뛰기

정초가 되면 집집마다, 마을마다 윷놀이를 했습니다.

윷놀이는 여러 사람이 함께 즐길 수 있는 흥겨운 놀이입니다.

윷에는 장작윷과 밤윷 두 종류가 있습니다. 장작윷은 지름이 3센티미터 정도 되는 나무를 15센티미터 정도 길이로 잘라, 네 쪽으로 쪼개어 만든 것입니다.

밤윷은 밤알만 한 크기의 나무 조각 네 개를 다듬고 색칠하여 만든 것입니다. 겉은 둥글고 안은 판판하므로, 안팎을 구별하기 쉽습니다.

윷놀이하는 방법은, 장작윷일 때는 네 개의 윷가락을 위로 던져 떨어지게 합니다. 밤윷일 때는 조그만 그릇 속에 넣고 흔들다가 바닥에 뿌립니다.

이 때 안팎이 어떻게 나왔느냐에 따라 말판에 있는 말을 움직이게 되는데, 던진 윷가락이 바닥에 깔아 놓은 담요나 가마니 밖으로 나가면 다시 던져야 합니다.

네 개가 모두 젖혀진 것을 '윷', 그리고 반대로 네 개가 모두 엎어진 것을 '모'라고 합니다. 또 세 개가 엎어진 것은 '도', 두 개가 엎어진 것을 '개', 한 개만 엎어지고 나머지는 젖혀진 것을 '걸'이라고 합니다.

말은 윷가락이 젖혀진 숫자만큼 갈 수 있는데, 도는 한 칸, 개는 두 칸, 걸은 세 칸, 윷은 네 칸을 갑니다. 모가 나오면 다섯 칸을 갈 수 있습니다.

윷과 모는 많이 갈 수 있을 뿐만 아니라 윷을 한 번 더 던질 수 있는 기회가 주어지기 때문에 사람들은 윷이나 모가 나오길 기대하며 윷을 던졌습니다.

"자, 너 던질 차례다."

"와, 윷이다, 윷!"

윷이 나오면 모두들 부러운 눈으로 그 사람을 쳐다보았습니다.

윷놀이는 한 가족이 방 안에 모여 앉아 즐기기도 하고, 넓은 마당에 멍석을 깔아 놓고 동네 사람들이 편을 짜서 함께 즐기기도 했습니다.

대개 정월 초하루부터 정월 보름까지 윷놀이를 했습니다. 사람들은 윷놀이를 하면서 그 해 자신의 운수를 점쳐 보기도 했습니다.

또 설날 놀이로 빼놓을 수 없는 것은 여자들의 널뛰기입니다. 설빔을 곱게 차려입고 널을 뛰는 모습은 마치 나비가 꽃 위에서 날개를 팔랑이며 춤추는 것 같습니다.

널뛰기를 하려면 기다랗고 튼튼한 널빤지가 있어야 합니다.

그리고 널빤지 중간에 짚단이나 가마니 뭉치를 괴어 놓고 양쪽 끝에 한 사람씩 올라서서 번갈아 가며 발을 굴러 높이 뛰어오릅니다. 한쪽이 뛰어올랐다가 내리면서 구르는 힘에 의해 맞은편 사람이 더 높이 뛰어오릅니다.

  널뛰기를 하다가 숨이 차거나, 뛰어올랐다가 내려올 때 발을 잘못 디뎌 떨어지면 다른 사람이 올라가 뜁니다. 그래서 여러 사람이 번갈아 가며 널뛰기를 즐길 수 있습니다.

널뛰기가 시작된 유래에 대해서는 몇 가지 이야기가 전해 옵니다.

그 중 한 가지는 양반집 여인네들이 널을 뛰면서 담장 밖을 엿보기 위해 시작된 놀이라는 이야기입니다. 당시에는 여자들이 마음대로 집 밖을 다니지 못했으므로 널을 뛰면서라도 바깥 풍경을 구경하고 싶어했다는 것입니다.

또 죄수의 아내가 높은 담장 안에 갇혀 있는 남편을 보기 위해 널뛰기를 했다고도 합니다.

널뛰기는 설날 말고 단오나 추석 때도 많이 하는 놀이입니다.

● **더위팔기**

음력으로 정월 보름(15일)을 '대보름'이라고 합니다. 그 해의 첫 보름날이기 때문입니다.

절기에 따라 다르기는 하지만 대개 정월 대보름이 되면 봄 기운이 돌기 시작합니다. 이제 정초의 긴 휴식에서 깨어나 새 봄을 맞이할 준비를 해야 합니다. 그래서 옛날부터 대보름은 중요한 명절의 하나였습니다.

사람들은 대보름날 아침 일찍 일어나 친한 사람의 집을 찾아가 이름을 불렀습니다. 그리고 대답을 하면 "내 더위 사 가라!" 하고 소리쳤습니다. 이렇게 대보름날 더위를 판 사람은 그 해 여름, 더위를 먹지 않는다고 했습니다. 그래서 대보름날 아침에는 친구가 불러도 대답하지 않았습니다. 때로는 대답 대신 "내 더위 사 가라!" 하고 말하며 먼저 더위를 팔기도 했습니다.

● **부럼, 오곡밥, 묵나물**

대보름날 아침에는 온 식구가 일찍 일어나 밤, 호두, 잣, 은행 같은 단단한 열매를 깨물어 먹는 풍습이 있었는데, 이것을 부럼이라고 합니다.

대보름날 부럼을 먹으면 한 해 동안 종기나 부스럼이 생기지 않는다고 했습니다. 그래서 대보름 전날이 되면 집집마다 미리 부럼을 준비해 두었습니다.

또 대보름날에는 다섯 가지 곡식으로 지은 오곡밥을 먹었습니다. 이 때 들어가는 곡식은 찹쌀, 기장, 찰수수, 검정콩, 팥 따위입니다. 지방마다 조금씩 달라서 쌀, 보리, 조를 곁들이기도 합니다.

지난 해에 뜯어서 말려 두었던 산나물, 시래기, 박나물, 버섯 같은 나물들도 삶아서 무쳐 먹었는데, 이것을 묵나물이라고 합니다. '한 해를 묵힌 나물'이란 뜻입니다. 묵나물을 먹으면 여름에 더위를 먹지 않는다고 했습니다.

대보름날에 오곡밥과 묵나물을 이웃과 나누어 먹으면서 이웃과 정을 나누었습니다. 그래서 여러 집의 밥을 골고루 나누어 먹어야 운수가 좋다는 말까지 생겼습니다.

부럼을 깨물고 오곡밥을 묵나물과 함께 먹는 이러한 일들은 모두 과학적인 근거가 있는 것입니다.

겨울 동안 과일이나 채소를 먹을 수 없었던 옛날에는 겨울을 넘기고 난 이맘때쯤이면 여러 가지 영양분이 부족해지기 쉬웠습니다. 그런데 부럼과 오곡밥, 묵나물에는 여러 가지 영양소가 골고루 들어 있기 때문에 이런 풍습이 생긴 것입니다.

오곡밥 대신 약밥을 해 먹기도 했습니다. 약밥은 찹쌀을 쪄서 밥을 짓고, 거기에 밤, 대추, 잣을 넣어서, 참기름, 꿀, 진간장에 버무린 후 다시 찐 밥입니다. 이 검붉은 빛깔이 나는 약밥은 맛도 좋지만 영양도 만점인 대보름의 별식이었습니다.

이 약밥에는 재미있는 이야기가 전해 오고 있습니다.

신라 제21대 소지왕 때의 일이었습니다. 정월 대보름날 왕이 궁궐 밖으로 민심을 살피러 나갔습니다. 그런데 어디선가 쥐가 한 마리 나타나 사람의 말을 하는 것이었습니다.

"임금님, 저 까마귀가 날아가는 곳으로 따라가 보세요."

이상하게 생각한 소지왕은 한 신하에게 까마귀를 따라가 보게 했습니다. 까마귀는 남쪽으로 날아가 어떤 연못가에 이르러 모습을 감추고 말았습니다.

어디로 갔을까 두리번거리는데, 난데없이 연못 속에서 한 노인이 나타났습니다. 노인은 봉투를 하나 주면서 왕에게 바치라고 했습니다. 봉투에는 이렇게 쓰여 있었습니다.

'이 봉투를 열면 두 사람이 죽고, 열어 보지 않으면 한 사람이 죽는다.'

소지왕은 열어 보면 두 사람이 죽는다는 말에 봉투를 열어 보지 못하게 했습니다. 그런데 한 신하가 꼭 열어 보아야 한다고 이야기하는 것이었습니다.

"한 사람이라고 한 것은 임금님이 틀림없고, 두 사람이란 백성일 것이니 열어 보시옵소서."

마침내 소지왕은 봉투를 열어 보았습니다. 거기에는 이렇게 쓰여 있었습니다.

'거문고 갑을 쏘아라.'

거문고 갑이란 거문고를 넣어 두는 큰 상자였습니다.

궁궐로 돌아온 소지왕은 활로 거문고 갑을 쏘았습니다. 그리고 그것을 열어 보았습니다. 그런데 이게 웬일입니까? 두 사람이 화살에 맞아 고통스러워하고 있었습니다.

한 사람은 궁궐을 드나들던 스님이었고, 다른 한 사람은 소지왕을 미워하던 왕비였습니다. 두 사람이 소지왕을 죽이려고 몰래 거문고 갑 속에서 기다리고 있었던 것입니다.

소지왕은 스님과 왕비를 감옥에 가두었습니다.

그리고 자신의 목숨을 구해 준 쥐와 까마귀에게 은혜를 갚기 위하여 약밥을 지어서, 까마귀가 먹을 수 있도록 나무에 약밥을 붙여 놓았습니다. 그 뒤로 약밥은 대보름날에 먹는 색다른 음식이 되었답니다.

● **연날리기**

연날리기는 남자 아이들의 대표적인 겨울 놀이였습니다. 겨울철에는 들판에 농작물이 없고 바람이 세게 불기 때문에 마음껏 뛰어다니며 연날리기를 할 수 있었습니다.

연은 한옥집에서 문을 만들 때 쓰는 창호지와 대나무 살로 만듭니다. 대나무 살 다섯 개로 연의 뼈대를 만들고 그 위에 창호지를 붙이는데, 가운데는 구멍을 뚫어 바람이 통하게 합니다. 그리고 연의 양쪽 머리와 아래쪽에 긴 실을 매고 중심을 잡아 그 실을 연줄이 감겨 있는 얼레와 연결합니다. 긴 실을 감고 풀기 쉽게 손잡이를 만들어 놓은, 실패 모양의 물건을 얼레라고 합니다. 연을 날릴 때는 얼레에 감긴 실을 감았다 풀었다 합니다.

연은 모양에 따라 방패연, 가오리연, 반달연 등 여러 종류로 나눌 수 있습니다. 아이들은 바람이 불면 밖으로 나가 하늘 높이 연을 띄웠습니다.

아이들은 연을 날리면서 연싸움도 했습니다. 연싸움은 상대의 연줄을 먼저 끊는 사람이 이기는 놀이입니다. 아이들은 연줄을 날카롭게 하기 위하여 곱게 빻은 유리나 사기 가루를 풀에 개어 연줄에 바르기도 했습니다. 또 연을 누가 더 높이 띄우는지 시합도 했습니다.

이렇게 정초부터 날리고 놀던 연을 대보름이 되면 날려 보냈습니다. 연에다 이름, 생년 월일과 한자로 재앙을 의미하는 '액(厄)' 또는 재앙을 보내고 복을 맞이한다는 뜻의 '송액영복(送厄迎福)'이라는 글귀를 써서 띄우고는 실을 끊어 날려 보내는 것입니다. 이 연을 '액막이연'이라고 합니다. 연에 그 해의 나쁜 운을 모두 담아 날려 보낸다는 뜻입니다.

● 달맞이, 다리밟기, 지신밟기

대보름날 저녁이 되면 사람들은 보름달을 보려고 뒷동산으로 올라갔습니다. 동산에 올라, 떠오르는 달을 보고 각자 소원을 빌었습니다.

병이 난 사람은 병이 낫게 해 달라고 빌었습니다.

농사꾼은 큰 풍년이 들게 해 달라고 빌었습니다.

선비는 과거에 급제하기를 빌었습니다.

나이가 찬 처녀 총각들은 좋은 사람을 만나서 결혼하게 해 달라고 빌었습니다.

이렇게 보름달을 보고 소원을 빌면 모든 소원이 다 이루어진다고 믿었습니다. 또 떠오르는 달을 먼저 볼수록 좋다고 생각해서 저녁 무렵이 되면 서둘러서 동산으르 올라갔습니다.

한편 옛날에는 대보름날에 뜨는 달을 보고 일 년 농사를 미리 점치기도 했습니다. 달빛이 희면 비가 많이 내려 장마가 지고, 달빛이 붉으면 가뭄으로 흉년이 들 징조라고 했습니다.

달빛이 알맞게 노란색을 띠어야 풍년이 든다고 믿었습니다.

큰 다리가 있는 곳에서는 대보름날 밤이 되면, 남자, 여자, 어른, 아이 할 것 없이 모두 '다리밟기'를 했습니다. 대보름날 밤에 다리를 밟으면 일 년 동안 다리에 병이 나지 않는다고 믿었기 때문입니다.

열두 다리를 밟으면, 일 년 열두 달 동안 건강하게 지낼 뿐만 아니라, 나쁜 운이 다 없어진다고 생각해서 밤이 깊도록 다리밟기를 했습니다.

또 대보름날 복을 비는 풍습으로 '지신밟기'가 있습니다.

지신이란 땅을 다스리는 신령으로, 그 집안의 복은 지신의 마음에 달려 있다고 믿었습니다.

지신밟기를 할 때는 마을 사람들이 농악대를 앞세우고 집집마다 다니며 지신을 밟아 주었습니다.

그리고 마당, 뒤뜰, 부엌 등을 돌아다니면서 농악을 울리고 한바탕 춤을 추었습니다.

이 때 부르는 노래를 '지신밟기 노래'라고 했습니다.

이렇게 온 집 안을 돌며 지신을 밟아 주면, 일 년 동안 편안하고 좋은 일만 생긴다고 했습니다.

지신밟기를 한 집에서는 그 보답으로 음식을 차려 대접하고, 때로는 곡식이나 돈을 내놓기도 했습니다.

● **줄다리기, 횃불 싸움**

대보름날에는 복만 비는 것이 아니었습니다.

마을과 마을이 힘을 겨루는 줄다리기도 대보름날에 주로 행해진 놀이였습니다.

줄다리기에 쓰는 줄은 수십 가닥의 새끼줄을 꼬아 만들었습니다. 지름이 무려 40~50센티미터나 되고 길이는 100미터가 넘는 것도 있습니다.

이렇게 굵은 줄을 손으로 직접 잡아당길 수 없으므로 사이사이에 손잡이 줄을 달아 잡기 편하게 만들었습니다.

줄이 완성되면 두 마을의 줄을 이었습니다.

줄다리기를 할 때는 어른, 아이 할 것 없이 마을 사람이 모두 나와 온 힘을 다해 줄을 당겼습니다.

승부는 중앙선에서 더 많이 끌어간 쪽이 이긴 것으로 했습니다.

이긴 편 동네에는 그 해에 풍년이 든다고 해서 구경하는 사람들도 모두 힘껏 자기 편을 응원했습니다.

줄다리기가 끝나면 이긴 편 줄을 서로 잘라 가려고 했는데, 그 줄을 썩혀서 논에 거름으로 주면 풍년이 든다고 믿었기 때문입니다.

어부들도 앞다투어 이긴 편 줄을 베어 갔습니다. 이 줄을 가지고 배를 타면 고기가 많이 잡히고, 태풍이 와도 사고를 당하지 않는다고 믿었기 때문입니다.

　대보름날 '횃불 싸움'을 하는 곳도 있었습니다. 횃불은 바짝 마른 대나무와 싸리나무를 묶어서 만들었습니다.

　횃불 싸움을 할 때는 저녁 무렵 두 패로 나뉜 마을 젊은이들이 횃불을 밝혀 들고 풍악을 울리며 동산으로 올라갔습니다.

　마침내 보름달이 떠오르면, 두 패는 마주 보고 횃불을 흔들며 상대편의 약을 올리는데 그러다가 용감한 젊은이가 앞장서서 싸움을 걸었습니다. 한바탕 싸움을 한 뒤에 횃불을 많이 빼앗긴 편이 지는 것입니다.

　'입춘(立春)'은 24절기의 첫 번째 절기로 봄이 시작되는 날입니다. 양력으로는 보통 2월 4일쯤이 됩니다.

　그러나 음력으로는 일정하지 않습니다. 빠르면 설날 전에 입춘이 오기도 하고, 늦으면 대보름이 지나서 올 때도 있습니다.

음력은 달이 지구를 한 바퀴 도는 시간을 기준으로 만든 달력입니다. 그래서 지구가 태양의 둘레를 한 바퀴 도는 데 걸리는 시간을 기준으로 만든 양력과는 차이가 있습니다.

그런데 농사는 태양의 움직임에 따라 결정되는 계절의 변화와 직접적인 관계가 있기 때문에 음력만으로는 농사를 짓기가 어렵습니다.

이러한 단점을 보완하기 위해 옛날 사람들은 24절기를 만들었습니다. 24절기란 지구가 태양을 한 바퀴 도는 365일을 15~16일 간격으로 24등분 하여 이름을 붙인 것입니다.

조상들은 이 24절기를 기준으로 농사를 지었습니다.

입춘이 되면, 새봄을 맞이하는 뜻에서 대문에 글귀를 써 붙이는데, 이것을 춘축(春祝)이라고 합니다. 주로 입춘대길(立春大吉)이라는 글귀를 많이 쓰는데, 이는 입춘을 맞이하여 좋은 운이 들어오기를 기원한다는 뜻입니다.

입춘이 지나면 봄이라고는 하지만 입춘 후에도 날씨가 아주 추워지기도 하는데, 이럴 때는 '입춘 거꾸로 붙였나.' 라는 말을 하기도 했습니다.

2월

한식날에는 조상의 산소를 찾아가
정성껏 성묘를 합니다.
겨울 동안 산소가 상한 곳은 없는지 살피고
조상들의 일을 돌이켜봅니다.

중화절

음력 2월 초하루를 '중화절(中和節)'이라고 합니다.

나라에서는 이 날 자를 만들어 여러 신하들에게 나누어 주었는데, 이 자를 '중화척'이라고 했습니다. 중화척은 얼룩무늬가 있는 대나무나 잎갈나무로 만들었으며 길이는 바느질자보다 조금 짧았습니다. 신하들에게 자를 나누어 준 것은 농업에 힘쓰라는 뜻으로, 중국에서 전해진 풍습이라고 합니다.

또 농촌에서는 중화절을 '머슴날'이라 하기도 했습니다. 앞으로 다가올 봄철 농사에 대비해서 머슴들이 즐겁게 하루를 놀 수 있게 한 것입니다.

지난 해 가을 추수가 끝난 후, 겨울 동안 쉬던 머슴들이 이제 서서히 농사 준비로 바빠지기 때문입니다.

주인은 술과 음식을 장만하여 머슴들을 대접했습니다. 머슴들은 농악을 울리며 춤과 노래로 하루를 즐겁게 보냈습니다.

또 중화절은 대청소하는 날로 집 안팎을 깨끗이 쓸고 닦는 날이었습니다.

'경칩(驚蟄)'은 겨울잠을 자던 벌레, 개구리 등이 잠에서 깨어 꿈틀거리기 시작하는 때라는 뜻입니다. 양력으로는 보통 3월 5일쯤입니다.

'우수(雨水), 경칩에는 대동강 물이 풀린다.'라는 말이 있습니다. 우수와 경칩이 지나면 아무리 춥던 겨울 날씨도 누그러진다는 뜻입니다. 우수는 입춘과 경칩 사이의 절기입니다.

이맘때에는 날씨가 따뜻해져서 얼었던 땅이 녹고, 나뭇가지에는 물이 오릅니다. 산골짜기에는 겨우내 얼어 있던 맑은 시냇물이 졸졸 흘러내립니다.

땅 속에서 겨울잠을 자던 벌레와 짐승들도 잠에서 깨어나 슬금슬금 기어 나옵니다.

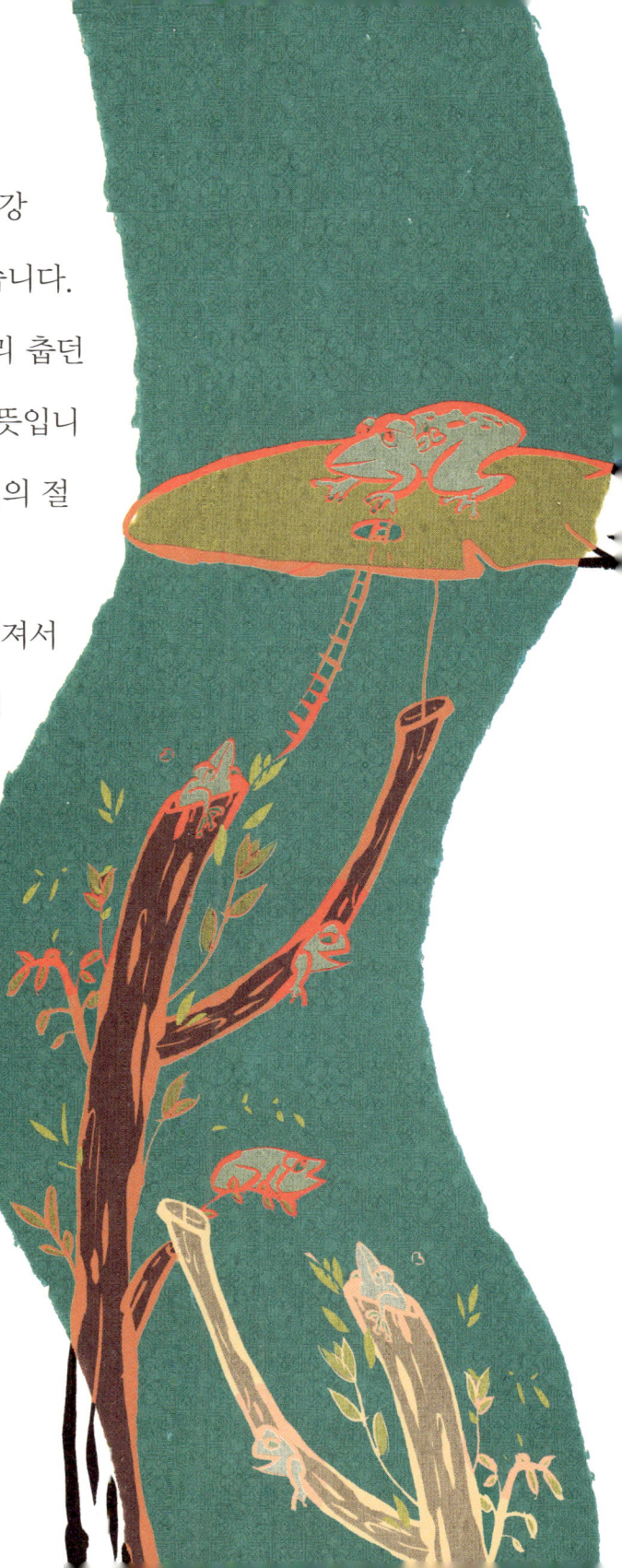

"개구리알 건지러 가자."

"그래, 논에 많이 있을 거야."

옛날에는 경칩이 되면 논이나 웅덩이를 찾아서 개구리알을 건져 모았습니다. 몸이 약한 사람이 개구리알을 먹으면 몸이 튼튼해진다고 믿었기 때문입니다.

또 경칩에 흙일을 하면 일 년 내내 탈이 없다고 하여 겨울 동안 허물어진 담장을 수리하기도 했으며, 벽을 바르면 빈대가 없어진다고 하여 일부러 벽을 바르기도 했습니다.

동지 후 105일째 되는 날을 '한식(寒食)'이라고 합니다. 한식은 설날, 단오, 추석과 함께 4대 명절의 하나입니다. 또 이 무렵이 대개 24절기 중 네 번째인 청명(淸明) 때로 한식과 청명은 같은 날이거나 하루 차이입니다.

그래서 큰 차이가 없다는 뜻으로 '한식에 죽으나 청명에 죽으나.' 하는 속담도 있습니다. 양력으로는 4월 5일쯤이므로 한식, 청명, 식목일이 겹치는 경우도 있습니다.

이맘때에는 식물의 생명력이 아주 왕성해서 나무를 접붙이거나 옮겨 심기에 가장 알맞습니다. 그래서 식목일도 이 때로 정한 것입니다.

한식에는 조상의 산소를 찾아가 성묘를 했습니다. 얼었던 땅이 녹으면서 허물어진 곳은 없는지, 떼(잔디)는 잘 입혀졌는지 살폈습니다. 그러면서 조상의 은혜를 돌이켜보았습니다.

조상의 산소를 찾아 성묘를 하며 정성껏 모시는 일은, 옛날부터 전해 오는 우리의 아름다운 풍습이었습니다. 성묘는 주로 한식, 단오, 추석, 설날 같은 명절에 했습니다.

한식이라는 이름은 더운 음식을 먹지 않고 찬 음식을 먹는다는 옛 습관에서 나온 것이라고 합니다. 그 유래에 대해 다음과 같은 이야기가 있습니다.

중국 춘추 시대 때의 이야기입니다.

진나라에 개자추라는 사람이 있었습니다. 진나라 왕인 문공이 왕위에 오르기 전 망명 생활을 할 때 문공을 모시고 함께 고생했던 신하였습니다.

그런데 문공이 왕이 된 뒤에는 개자추를 멀리하고 그에게 벼슬을 주지 않았습니다. 개자추는 서운하여 홀어머니와 함께 깊은 산 속으로 들어가 숨어 살았습니다.

뒤늦게 개자추의 충성심을 깨달은 문공은 잘못을 뉘우치고 개자추를 찾았습니다. 그러나 개자추는 산에서 나오려 하지 않았습니다. 군사를 풀어 찾았으나 산이 깊어 찾을 수 없었습니다.

그래서 문공은 한 가지 꾀를 내었습니다.

'개자추가 숨어 있는 산에 불을 지르면 내려올 테지.'

문공은 산 주위에 사람들을 빙 둘러 세우고 불을 질렀습니다. 그러나 온 산이 새카맣게 타 재가 될 때까지 개자추는 나오지 않았습니다.

사람들이 다 타 버린 산을 뒤져 보니, 개자추는 홀어머니를 안은 채 버드나무 밑에서 타 죽어 있었습니다.

문공은 개자추가 불에 타 죽은 것을 안타깝게 여겨 개자추가 죽은 날에는 불을 사용하는 것을 꺼렸는데, 신하들도 따라서 불을 사용하지 않았습니다. 백성들도 개자추를 기리기 위해 이 날만은 불을 때어 음식을 만들지 않고 전날 만들어 놓은 찬 음식을 먹었습니다.

  한식날 찬 음식을 먹는 풍습은 개자추의 넋을 위로하려는 데서 나온 것이지만, 그 속에는 불조심하라는 깊은 뜻이 담겨 있습니다. 한식 무렵이면 날씨가 건조하고, 바람이 세게 불어 자칫하면 큰 불이 나기 쉽기 때문에 이를 경계하는 것입니다.

3월

삼짇날이 되면 겨우내 움츠렸던 생물들이
생기를 찾기 시작합니다.
삼짇날에는 강남 갔던 제비가 돌아와
추녀 밑에 집을 짓는다는 말이 있습니다.

삼짇날

음력 3월 3일을 '삼짇날'이라고 합니다. 3이 두 개가 겹쳤다고 하여 '중삼(重三)'이라고도 부릅니다.

삼짇날이 되면 겨우내 움츠렸던 생물들이 생기를 찾기 시작합니다. 날씨도 포근해져서 산과 들에 꽃이 피기 시작합니다.

옛날부터 삼짇날에는 강남 갔던 제비가 돌아와 추녀 밑에 집을 짓는다고 했습니다.

　지금은 제비를 쉽게 볼 수 없지만 옛날에는 이맘때쯤이면 제비가 떼지어 날아다녔습니다. 옛 집을 찾아와서 추녀 밑에 흙으로 제비집을 만들고, 새끼를 낳아 여름을 보냈습니다.

　산과 들에는 꽃이 피어 나비들이 팔랑거리며 꽃을 찾아 날아듭니다. 옛날 사람들은 노랑나비나 호랑나비를 먼저 보면 좋은 일이 있고, 소원이 이루어진다고 믿었습니다.

초파일은 불교를 일으킨 석가모니의
탄생을 기념하는 날입니다.
옛날부터 초파일은 우리 민족이 함께 즐긴
민속 명절이었습니다.

초파일

음력 4월 8일을 '초파일(初八日)'이라고 합니다. 초파일은 불교를 일으킨 석가모니가 탄생한 날로 '부처님 오신 날'이라고도 합니다. 석가모니는 2500여 년 전 인도의 왕자로 태어났습니다. 그는 왕자의 자리를 버리고 세상을 구하려고 나섰습니다. 그리고 사람들에게 생명이 있는 모든 것을 사랑하라고 가르쳤습니다.

불교는 지금으로부터 1600여 년 전인 삼국 시대에 중국을 거쳐 우리나라에 들어와서 그 후로 지금까지 오랫동안 우리나라에 많은 영향을 끼쳤습니다.

옛날부터 초파일은 우리 민족이 함께 즐긴 민속 명절이었습니다. 그래서 집집마다 등을 달고, 잔치를 벌였습니다.

그러나 지금은 규모가 작아져서 불교 신도들만 모여서 이 날을 축하하고 있습니다. 불교 신도들은 이 날 절에 가서 등을 달고 불공을 드립니다. 등에는 각자의 이름을 써서 붙이는데, 가족 수대로 등을 달기도 하고, 한 개의 등에 온 가족의 이름을 모두 적어 복을 빌기도 합니다.

등의 모양도 옛날에는 수박 모양, 참외 모양, 거북 모양 등 여러 가지였으나 오늘날에는 연꽃 모양의 등이 대부분입니다.

또 초파일에는 연등을 들고 거리를 행진하는 제등(提燈) 행렬을 볼 수 있는데, 우리나라에서는 1996년부터 '연등 축제'라는 전통 문화 축제를 통해 제등 행렬뿐 아니라 연등을 주제로 한 다양한 문화 행사를 함께 열고 있습니다.

또 초파일 행사 중에 '탑돌이'가 있습니다.

스님이 불경을 외면서 목탁을 두드리며 탑을 돌면, 신도들은 합장을 하고 스님을 따라 천천히 탑을 돌았습니다. 이 때 마음 속으로 부처의 공덕을 기리면서 소원을 빌었습니다.

자식이 없는 부인들은 자식을 갖게 해 달라고 빌고, 처녀들은 좋은 곳으로 시집 가게 해 달라고 빌었습니다.

이렇게 제각기 소원을 빌면서 탑을 도는 모습은 무척 아름다우면서도 엄숙해 보입니다.

탑돌이는 본래 불교 행사였으나 오늘날에는 차츰 민속 놀이로 변하여 여러 가지 다양한 형태로 진행되고 있습니다.

5월

단오에는 그네뛰기를 빼놓을 수 없습니다.
고운 치마저고리를 차려입고
나뭇가지 사이로 그네를 뛰는 여인들의 모습은
한 폭의 아름다운 그림입니다.

● **쑥과 익모초**

음력 5월 5일은 '단오(端午)'입니다. 이 날은 초여름의 명절로 가장 즐거운 날입니다.

옛날부터 중국과 우리나라에서는 음력 3월 3일(삼짇날), 5월 5일(단오), 7월 7일(칠석), 9월 9일(중양절) 등 달과 날의 숫자가 홀수이면서 겹치는 날을 명절로 정하여 즐겨 왔습니다.

그 중에서도 5월 5일 단오는 큰 명절이었습니다. 옛날 삼한 시대에 우리나라 중부 이남 지역에는 파종이 끝난 5월에 곡식이 잘 익고 풍년이 들기를 비는 행사가 있었습니다. 단오는 여기에서 유래되었다고 합니다.

오늘날에는 단오가 명절로 이름만 남아 있습니다. 몇몇 지역에서 단오 축제를 하고 있을 뿐 대부분 지역에서는 점점 잊혀져 가고 있습니다.

단오를 다른 말로 '수릿날'이라고도 부릅니다.

단옷날 쑥을 캐다가 만들어 먹는 쑥떡이 수레바퀴 모양이기 때문에 수릿날이라고 불렀다는 이야기도 있습니다.

쑥은 양식이 귀한 봄철에 귀중한 먹을거리였습니다. 양식이 떨어지면 쑥을 뜯어다 곡식 가루에 버무려 쪄서 먹었습니다.

쑥은 음식의 재료로서만 아니라 약초로도 쓰였습니다. 특히 단옷날에 캔 쑥은 약효가 뛰어나다고 해서 너도나도 단옷날이면 쑥을 캤습니다. 그리고 그늘에 잘 말려서 약으로 썼다고 합니다.

쑥에는 열을 내리고, 통증을 없애는 효능이 있습니다.

오늘날에는 대중 목욕탕에 마른 쑥을 넣어 우려낸 쑥탕을 많이 만들어 놓았는데, 쑥탕에 들어가면 살결도 좋아지고 어른들의 신경통도 좋아진다고 합니다.

쑥뿐만 아니라 익모초(益母草)도 약효가 있다고 하여 단옷날 한낮에 쑥과 익모초를 뜯는 풍습이 있었습니다. 여름에 익모초로 즙을 내어 마시면 입맛이 나고, 식욕도 좋아진다고 합니다. 또 익모초는 이름 그대로 아기를 낳은 산모에게도 좋다고 합니다.

● 창포

창포는 잎이 칼같이 뾰족하고 긴 풀인데, 초여름에 노란색 꽃이 핍니다.

이 창포 잎을 삶은 물에 머리를 감으면, 머리카락에 윤기가 흐르고 머리카락이 잘 빠지지 않는다고 합니다.

옛날에는 남자도 머리를 길렀으므로 단옷날이면 여자 남자 할 것 없이 창포물에 머리를 감았습니다.

오늘날처럼 샴푸가 없던 옛날에는 창포물이 최고의 샴푸였습니다.

또 창포 뿌리는 약으로 쓰이는데, 여자들은 뿌리를 잘라 비녀를 만들어 머리에 꽂기도 했습니다. 전염병을 막아 준다고 믿었기 때문입니다.

창포물을 만들 때에는 창포 잎만 삶기도 하지만 뿌리를 함께 넣어 삶기도 하고, 쑥을 함께 넣기도 했습니다.

● **그네뛰기**

단오에는 그네뛰기를 빼놓을 수 없습니다.

단오가 가까워지면 마을 젊은이들은 저녁마다 그네 나무 밑으로 모여들었습니다. 모인 젊은이들은 각자 집에서 가지고 온 짚으로 새끼를 꼬아 그넷줄을 만들었습니다.

그넷줄이 완성되면, 밝은 낮에 그네 나무에 올라가 그네를 매었습니다. 그네 나무는 높이 달린 튼튼한 가지가 옆으로 뻗어 있어야 합니다. 또 그네 나무 주변의 바닥은 평평해야 하고, 바위 따위가 없어야 합니다.

그네를 매기에 적당한 나무가 없는 마을에서는 큰 기둥을 두 개 세워 그네를 매기도 했습니다.

그네를 맬 때는 먼저 두 가닥의 줄을 매고 맨 아래에 발판을 만들어 그 위에 올라서거나 앉아서 탈 수 있게 만들었습니다.

단옷날이 되면 창포물에 머리를 감고 예쁜 옷을 차려입은 여자 아이들이 그네 옆으로 모여들었습니다.

고운 치마저고리를 입고 나뭇가지 사이로 솟아오르며 그네를 뛰는 모습은 한 폭의 아름다운 그림이었습니다.

이렇게 그네를 뛰며 즐겁게 놀기도 하지만, 누가 그네를 더 잘 뛰는지 재주를 겨루기도 했습니다. 그네뛰기 재주를 겨루는 곳에는 구경꾼이 구름처럼 모여들었습니다.

그네 앞에 높이를 재는 장대를 세우고 방울을 매달아 그 방울을 차서 울리게 합니다. 그러면 방울 소리의 크기와 횟수에 따라서 승부나 등수를 결정했다고 합니다.

그네뛰기는 행동이 자유롭지 못했던 옛날, 여성들이 모처럼 마음껏 놀 수 있는 놀이였다고 합니다.

한 그네에 두 사람이 마주 타고 뛰기도 했는데, 이것을 '쌍그네'라고 합니다. 쌍그네는 두 사람의 호흡이 잘 맞아야 멀리 나갈 수 있습니다.

● **씨름**

그네뛰기가 단옷날에 여자들의 대표적인 놀이라면 씨름은 남자들의 대표적인 놀이입니다.

단옷날이 되면 여기저기에서 씨름 대회가 열립니다. 넓은 마당이나 잔디밭, 또는 모래밭에 모여서 씨름을 했습니다.

마을끼리 시합을 벌이기도 하고 한 고을의 장사를 뽑는 큰 대회도 있었습니다. 힘깨나 쓰는 장정들의 씨름 대회도 있고, 아이들끼리의 씨름 대회도 있었습니다. 장정들이 하는 씨름을 어른씨름, 아이들이 하는 씨름을 아기씨름이라 불렀습니다.

힘이 센 장정들이 씨름판에 나가 힘과 기술을 겨루는 것을 구경하는 것은 큰 즐거움이었습니다.

장정들이 마을의 명예를 걸고 씨름을 시작하면 모여 있던 구경꾼들은 저마다 자기 편이 이기라고 응원을 하는데, 응원하는 소리가 하늘을 찌를 듯했습니다.

씨름을 할 때는 꿇어앉아 있다가 서로 상대방이 매고 있는 샅바를 잡고 일어서면, 심판이 시작 신호를 합니다.

신호와 동시에 힘겨루기를 하여 상대방을 먼저 넘어뜨리는 사람이 이기는 것입니다.

승부가 정해지면 사람들의 환호성이 터졌습니다.

씨름은 힘도 세야 하지만, 힘으로만 이길 수는 없습니다. 몸놀림을 부드럽게 하고, 기술을 써야 합니다.

씨름 기술에는 여러 가지가 있습니다.

자신의 오른쪽 다리로 상대방의 왼쪽 다리를 걸어 샅바를 당기며 상대방의 상체를 밀어 넘어뜨리는 것을 '안다리 걸기'라 하고, 상대방의 왼쪽 다리를 걸고 오른쪽 가슴으로 밀어서 넘어뜨리는 기술을 '밭다리 걸기'라고 합니다.

또 '배지기'는 상대방의 샅바를 앞으로 당겨서 배 위로 들어올린 후 옆으로 돌려 넘어뜨리는 기술이고, '들배지기'는 상대방을 배 높이까지 들어올린 뒤 자기의 몸을 살짝 돌리면서 상대방을 넘어뜨리는 기술입니다.

이 밖에도 상대방의 무릎 안쪽을 쳐서 넘기는 '무릎치기', 상대방을 들어서 허리를 조이다 놓아 엉덩방아를 찧게 하는 '들어놓기' 등 다양한 씨름 기술이 있습니다.

큰 씨름 대회에서 우승을 차지한 사람에게는 상으로 황소 한 마리를 주기도 했는데, 이는 우리나라가 옛날부터 농사를 중요하게 생각했기 때문에 부지런히 농사를 지으라는 뜻에서 준 것이라고 합니다.

아이들의 씨름 대회에서는 우승자에게 황소 대신 송아지를 주기도 했습니다.

씨름 대회가 끝나면 우승한 사람이 황소를 끌고, 사람들과 함께 마을을 한 바퀴 돌았습니다. 행렬의 맨 앞에서는 농악대가 풍악을 울려 흥을 돋우었습니다. 우승자가 나온 마을은 온통 잔치 분위기였습니다.

씨름은 아주 오랜 옛날부터 우리 민족이 즐겨 온 고유의 운동으로 고구려 고분 각저총 벽화에도 씨름하는 모습이 그려져 있습니다.

● 단오부채

단오가 지나면 무더운 여름이 시작됩니다. 선풍기도 없고 에어컨도 없던 시절에 부채는 뜨거운 햇빛을 가려 주고, 더위를 식혀 주는 아주 쓸모 있는 물건이었습니다.

조선 시대에 나랏일을 맡아보던 관아인 공조에서는 여름이 오기 전에 많은 부채를 만들어 왕에게 바쳤습니다. 그러면 왕은 단옷날 그 부채를 여러 신하들에게 나누어 주었는데 이를 '단오부채'라고 했습니다.

부채는 주로 남쪽 지방에서 많이 만들었는데, 그 중에서도 전주 부채가 가장 유명했습니다.

부채로 유명한 고장에서는 부채를 만들어 지방 특산품으로 나라에 바치기도 하고, 가까운 사람들에게 부채를 선물하며 정을 나누기도 했습니다.

부채를 받은 사람들은 부채에 금강산, 버드나무, 복사꽃, 연꽃, 나비 등의 그림을 그리거나 깊은 뜻을 담은 글을 써서 간직하기도 했습니다.

선비나 관리들의 부채는 먹으로 그림을 그리거나 글씨를 쓴 것이었지만, 여인들이나 어린아이들은 색깔이 들어간 부채를 사용했으며, 무당이나 기생들이 사용하는 부채는 더욱 화려했습니다.

부채는 처음에는 바람을 일으켜 더위를 쫓는 도구였습니다. 그러나 시간이 흐르면서 점차 더위를 쫓는 것 말고도 여러 가지 쓰임새로 부채가 사용되었습니다.

파초 잎 모양의 큰 부채는 정승이 외출할 때 햇빛을 가리는 데 쓰였습니다.

또 혼례 때는 신랑 신부의 얼굴을 가리기 위해 부채가 사용되었으며, 화가, 서가, 문인들이 그림이나 시구절을 써 넣은 부채는 장식용으로 보관하기도 했습니다.

그리고 무당이나 무용수가 춤을 출 때 손에 쥐는 부채는 색깔도 호화롭고 깃털이 달려 있기도 했습니다.

이 밖에 창을 하거나 시조를 읊을 때도 부채를 접었다 폈다 하며 박자를 맞추기 위해 부채를 사용하기도 했습니다.

부채의 종류는 얇게 깎은 대를 붙여, 접었다 폈다 할 수 있게 만든 합죽선(合竹扇), 8각형 또는 원형 모양으로 중앙에 태극 무늬가 그려져 있는 태극선(太極扇), 긴 타원형의 파초 잎 모양으로 만든 파초선(芭蕉扇) 등 여러 가지가 있습니다.

조선 시대 선비들은 여름은 물론 겨울에도 항상 부채를 들고 다니며 부채를 장신구로 애용했다고 합니다.

'망종(芒種)'은 24절기 중 아홉 번째 절기입니다. 농촌에서는 망종 때가 되면 보리를 수확하고 모내기를 하느라, 일 년 중 가장 바빴습니다.

보통 망종은 음력으로 4월이나 5월이고, 양력으로는 6월 5일쯤인데 이 때 비가 알맞게 와야 풍년이 듭니다. 모내기에는 어느 때보다 많은 물이 필요하기 때문입니다.

옛날에는 농사짓는 데 필요한 물을 논밭에 댈 수 있는 시설이 부족했습니다. 그래서 이맘때 가뭄이 들기라도 하면 정말 큰일이었습니다.

이와 관련된 이야기가 있습니다.

세종 4년(1422) 여름, 큰 가뭄이 들었습니다. 곡식은 타 들어가고 시냇물은 말라 버렸습니다. 모내기는커녕 먹을 물도 부족하여 온 나라가 아우성이었습니다.

이 때 조선 제3대 왕 태종이 병에 걸렸습니다.

태종은 4년 전, 왕위를 셋째 아들 세종대왕에게 물려주고 물러나 있었습니다.

태종은 백성을 무척 아끼고 사랑했기 때문에 병석에 누워서도 깨어나기만 하면 비 소식을 물었습니다. 자신의 병은 관심도 없고, 오직 비가 오기만 빌었습니다.

결국 비는 오지 않았고, 태종은 숨을 거두었습니다. 태종은 숨을 거두면서 이렇게 말했습니다.

"내가 죽으면 하늘에 올라가 비를 내리게 하겠다."

그 날이 음력 5월 10일이었습니다.

태종이 세상을 떠난 후 정말로 한두 방울씩 비가 내리기 시작했습니다. 그리고 점점 빗줄기가 굵어지더니 줄기차게 퍼부었습니다.

백성들은 그 비로 가뭄을 면했을 뿐만 아니라, 몇 해 만에 큰 풍년이 들어 기뻐했다고 합니다.

사람들은 태종이 백성을 너무 사랑해서 비를 내린 것이라고 믿었습니다. 그로부터 매년 태종이 돌아가신 날이 되면 어김없이 비가 내렸습니다. 그래서 사람들은 이 비를 '태종우'라고 했습니다.

6월

일년 중 더위가 가장 심한 때를 삼복이라고 합니다.
옛날 사람들은 여러 가지 영양가 있는 음식으로 삼복 더위를 이겨 냈습니다.

음력 6월 15일을 '유두(流頭)'라고 합니다. 유두란 흐르는 물에 머리를 감는다는 뜻입니다.

이제 본격적인 여름이 시작되는 유두에는 동쪽으로 흐르는 맑은 시내를 찾아가, 목욕을 하고 머리를 감으며 하루를 즐겁게 지냅니다. 그렇게 하면 나쁜 일이 생기지 않고, 여름에 더위를 먹지 않는다고 했습니다.

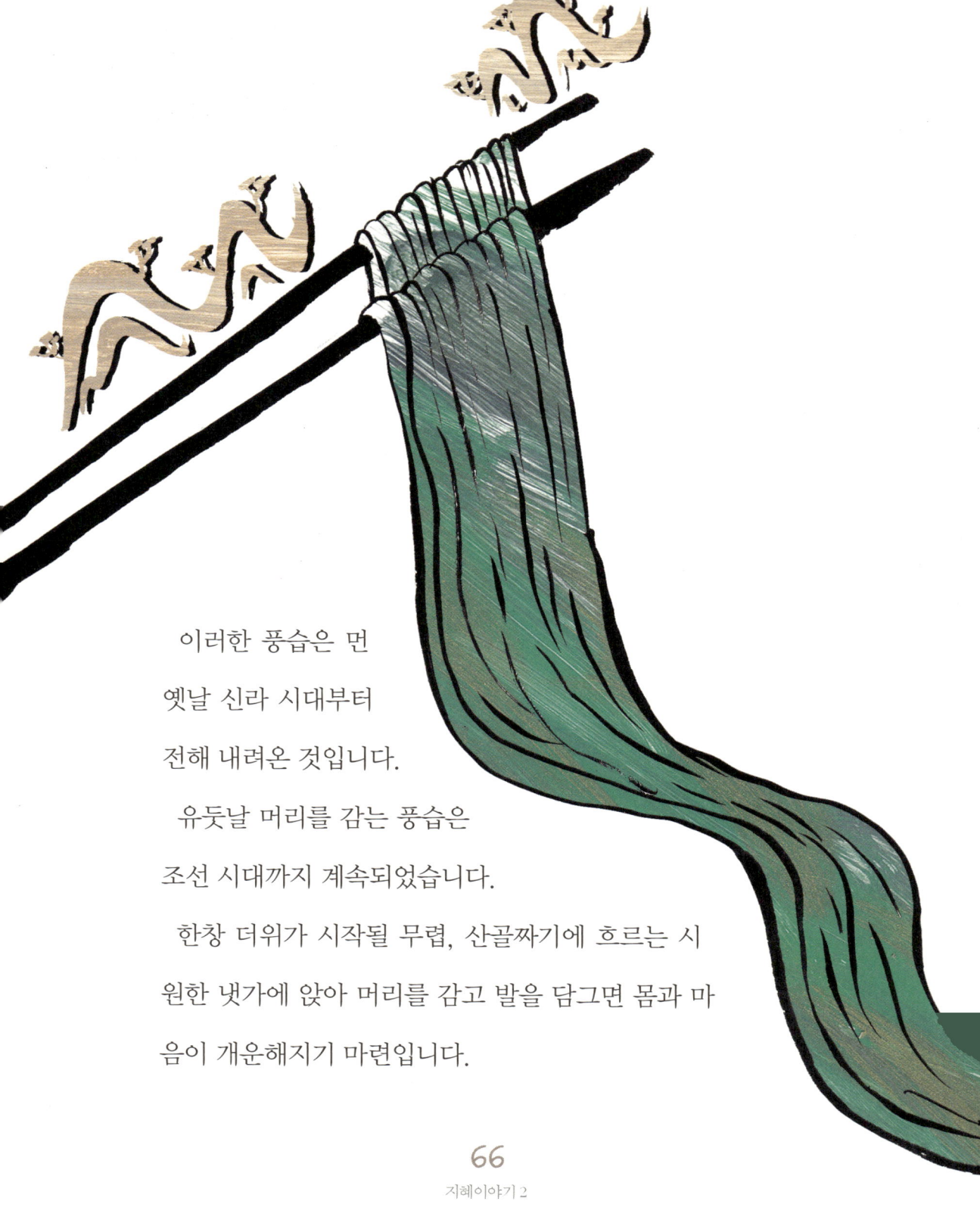

　이러한 풍습은 먼 옛날 신라 시대부터 전해 내려온 것입니다.
　유둣날 머리를 감는 풍습은 조선 시대까지 계속되었습니다.
　한창 더위가 시작될 무렵, 산골짜기에 흐르는 시원한 냇가에 앉아 머리를 감고 발을 담그면 몸과 마음이 개운해지기 마련입니다.

유둣날 선비들은 술과 음식을 장만해서, 계곡이나 강가의 정자에 모였습니다. 음식을 나누어 먹고, 시를 지으며 하루를 즐겁게 보내는 것입니다.

이 날이 가까워지면 수박, 참외 등 여름 과일이 나기 시작합니다. 조상을 공경하는 마음이 지극했던 옛날에는 밭에서 새로 과일을 따면 국수와 떡을 만들어 함께 사당에 올렸습니다.

이것을 '유두천신'이라 했습니다. 유둣날 새로 난 음식물을 바친다는 뜻입니다.

유둣날 음식으로는 유두면, 수단, 건단 등이 있습니다.

유두면은 햇밀로 구슬 모양의 국수를 만들어 오색으로 물들인 것인데, 유두면을 먹으면 더위를 먹지 않는다고 했습니다.

또 유두면을 세 개씩 포개어 색실로 꿰매서, 몸에 차거나 문에 달면 잡귀를 쫓을 수 있다고 믿었습니다.

수단은 쌀가루나 밀가루를 반죽하여 동글동글하게 경단 모양으로 빚어 끓는 물에 삶아서 만듭니다. 이것을 찬물에 식혀 꿀물에 띄워 먹는 것입니다. 수단을 꿀물에 타지 않고 그냥 고물을 묻혀 먹는 것을 '건단'이라고 합니다.

초복, 중복, 말복을 '삼복(三伏)'이라고 하는데, 일 년 중 더위가 가장 심한 이 때를 '삼복지간'이라고 합니다.

일 년 중 태양이 우리나라와 가장 가까워져서 낮이 가장 긴 때가 하지입니다. 하지는 6월 22일쯤입니다.

그러나 하지 때는 장마가 시작되기 때문에 아직 그렇게 더위를 느끼지 못합니다.

하지 후 한 달 가량이 지나면 장마도 끝나고, 숨이 턱턱 막히는 무더위가 시작됩니다. 이 때가 삼복입니다.

삼복은 하지 한 달 후부터 20~30일 등안입니다. 초복 후 십 일 만에 중복이 오고, 중복 후 십 일 만에 말복이 옵니다.

어떤 때는 중복이 지나고 이십 일 만에 말복이 오기도 합니다. 이런 경우를 월복이라고 합니다.

이맘때가 되면 사람들은 너무 더워 어쩔 줄을 몰랐습니다. 옛날에는 에어컨은 물론 선풍기도 없었으니 얼마나 더웠을까요? 부채와 나무 그늘만을 의지할 수밖에 없었습니다.

조선 시대에는 삼복 더위가 시작되면, 얼음 창고에서 얼음을 꺼내 신하들에게 나누어 주었습니다. 서빙고와 동빙고라는, 얼음을 관리하는 관청이 있을 정도로 옛날에는 얼음이 귀했습니다.

날이 더우면 아이들은 시원한 개울가에 모여들어 온종일 물

속에서 첨벙거렸습니다.

  너무 더운 한낮에는 어른들도 농사일을 잠시 쉬고, 시원한 나무 그늘을 찾아 더위를 식혔습니다.

  수박이나 참외를 시원한 개울이나 우물 속에 담가 두었다가 먹으면서 더위를 식히기도 했습니다.

  더위로 땀을 많이 흘리면 대개 기운이 떨어지고 입맛도 없어집니다. 여름철에 기운이 떨어지고 입맛이 없는 것을 '더위

먹었다.' 하고 표현합니다.

 더위를 먹었을 때는 익모초 잎을 따서 즙을 내어 마시면 입맛이 돌아옵니다. 옛날에는 집집마다 마당가에 익모초 몇 포기씩이 자라고 있었습니다. 그러나 익모초만으로는 기운을 낼 수 없습니다. 영양가 있는 음식을 많이 먹어야 기운이 납니다.

 농촌에서는 햇밀가루로 국수를 만들고, 거기에다 닭고기를 넣어 먹었습니다. 또 햇병아리를 잡아 인삼과 대추, 찹쌀을 넣어 푹 삶아 먹기도 했습니다. 이것이 삼계탕입니다. 삼계탕은 지금까지 전해 오는 대표적인 삼복 음식입니다.

 익모초와 삼계탕 말고도 삼복 때 잘 먹는 음식으로 개장국이 있습니다. 개를 잡아 그 고기로 끓인 국입니다. 요즈음도 먹는 영양탕은 여기서 시작된 것입니다.

 서양 사람들은 가족처럼 함께 지내던 개를 잡아먹는다고, 우리나라 사람들을 야만스럽다고 비난하기도 합니다.

 그러나 우리나라와 중국 등에서는 아주 오래 전부터 개고기를 먹었습니다. 영양탕은 삼계탕과 마찬가지로 우리 고유의 음식인 것입니다.

  소를 기르다가 잡아서 그 고기를 먹는 것처럼, 개도 하나의 식용 가축인 것입니다.

  서양 사람들이 개고기를 먹지 않는 것처럼 우리나라 사람은 서양 사람들이 벌레 요리나 달팽이 요리 먹는 것을 이상하게 생각합니다. 이런 것들은 모두 문화와 풍습의 차이입니다.

  개장국이란 말에서, 나중에는 쇠고기를 넣고 끓인 국도 육개장으로 불리게 되었습니다.

7월

칠석은 일 년에 한 번 견우와 직녀가
오작교에서 만나는 날입니다.
이 날 내리는 비는 견우와 직녀가 오랜만에
만난 것을 기뻐하며 흘리는 눈물이라고 합니다.

음력 7월 7일을 '칠석(七夕)'이라고 합니다.

이맘때쯤이면 더위도 막바지에 다다릅니다. 선들선들 가을 바람이 조금씩 불기도 합니다.

농부들은 바쁜 농사일을 거의 끝내고 추수를 기다렸습니다. 보통 저녁을 먹은 뒤 식구들과 함께 마당에 멍석을 깔고 앉아 밤 하늘을 올려다보면서 이야기꽃을 피웠습니다.

밤 하늘에는 은하수가 남북으로 흐르고 은하수를 사이에 둔 두 개의 별이 유난히도 반짝거렸는데, 은하수의 동쪽에 있는 별이 견우성, 서쪽에 있는 것이 직녀성입니다.

이 두 별 사이에는 전해 내려오는 이야기가 있습니다.

옛날 하늘나라 임금에게 예쁜 딸이 있었습니다. 착하고 아름다운 이 공주는 베를 잘 짰습니다. 그래서 공주의 이름은 직녀였습니다. 직녀는 '베를 짜는 여인'이라는 뜻입니다.

베를 짜던 직녀는 어느 날 갑자기 궁궐 밖 세상이 궁금해졌습니다. 직녀는 선녀들과 함께 세상 구경을 나왔습니다.

들에는 온갖 꽃들이 활짝 피어, 향기로운 꽃 향기가 들판에 가득했습니다.

꽃 향기에 취해 있던 직녀는 들판에서 듬직해 보이는 젊은 이를 만났습니다.

그 젊은이는 밭갈이를 하고 있었습니다. 이름은 견우라고 했습니다. 견우는 '소를 몬다.'는 뜻입니다.

두 사람은 첫눈에 반했습니다.

견우와 직녀는 남몰래 자주 만나면서 서로 사랑하게 되었습니다. 앞으로 결혼하기로 굳게 약속도 했습니다.

그런데 큰일이 났습니다.

하늘나라 임금이 견우와 직녀가 몰래 만나는 것을 알게 된 것입니다.

임금은 크게 노하여 직녀를 궁궐 밖으로 나가지 못하게 했습니다.

직녀는 견우가 그리워 눈물만 흘렸습니다. 베도 짜지 않았습니다. 임금은 더욱 화가 났습니다.

그래서 견우를 잡아오게 하여, 둘을 따로따로 멀리 귀양 보냈습니다. 은하수를 사이에 두고 직녀는 서쪽, 견우는 동쪽으로 멀리멀리 귀양을 보내고, 일 년에 한 번 칠석날에만 만날 것을 허락한 것입니다.

멀리 귀양 간 두 사람은 서로가 보고 싶어 견딜 수 없었습니다. 일 년 동안 서로를 그리워하던 두 사람은 칠석날이 다가오자 서로를 만나기 위해 밤낮으로 쉬지 않고 달려갔습니다.

마침내 두 사람은 서로의 모습이 보일 정도로 가까운 곳에 이르렀지만, 더 이상 가까이 갈 수가 없었습니다. 그 곳에는 은하수가 가로 놓여 있었기 때문입니다.

은하수는 하늘나라를 가로지르는 아주 큰 강이었습니다. 은하수에는 다리가 없었습니다. 강을 건널 나룻배도 없었습니다.

두 사람은 서로 바라보면서 이름을 불렀습니다. 그러나 강을 건널 방법이 없었습니다.

두 사람은 눈물만 하염없이 흘렸습니다.

견우와 직녀가 흘린 눈물은 비가 되어 인간 세상으로 떨어졌습니다.

한편, 인간 세상에서는 큰 물난리가 났습니다. 견우와 직녀가 흘린 눈물이 큰비가 되었기 때문입니다.

새와 짐승들도 물난리 때문에 도저히 살 수가 없었습니다. 그래서 모두 모여 의논을 했습니다.

"견우와 직녀를 만나게 해 주자."

"그래, 그럼 분명히 눈물을 그칠 거야."

두 사람을 만나게 하려면 은하수에 다리를 놓아야 했습니다. 그 일은 까마귀와 까치가 맡기로 했습니다.

다시 칠석날이 되자 까마귀와 까치들은 은하수 옆에 모였습니다. 그리고 서로서로 날개를 맞대어 견우와 직녀가 은하수를 건널 수 있게 다리를 놓았습니다.

먼 길을 달려온 견우와 직녀는 까마귀와 까치가 놓아 준 다리를 건너 마침내 만날 수 있었습니다.

하룻밤 동안 즐겁게 지낸 견우와 직녀는 해가 뜨기 전에 다시 헤어져 동쪽과 서쪽으로 돌아갔습니다. 그러나 다시 만날 희망이 있기에 눈물은 흘리지 않았습니다.

그 후부터 칠석날에 내리던 큰비는 내리지 않았습니다. 가랑비가 조금 내릴 뿐이었습니다.

이 날 내리는 가랑비는 견우와 직녀가 일 년 만에 만난 기쁨에서 흘리는 눈물이라고 합니다.

칠석날이 되면 이 세상의 까마귀와 까치들은 모두 다리를 만들러 은하수로 날아갑니다. 이 다리를 '오작교'라고 부릅니다. '까마귀와 까치의 다리'라는 뜻입니다.

칠석날이 지나면 까마귀와 까치의 머리 깃털이 다 빠집니다. 이것은 견우와 직녀가 까마귀와 까치의 머리를 밟고 지나갔기 때문이라고 합니다. 그러나 사실은 이 때 까마귀와 까치가 털갈이를 하느라 털이 빠지는 것이랍니다.

8월

우리 민족은 옛날부터 한가위를 일 년 중 가장 큰 명절로 삼아 왔습니다.
한가위에는 햅쌀로 빚은 송편과 햇과일을 올려놓고 조상들에게 차례를 지냅니다.

한가위

● 차례와 성묘

음력 8월 15일을 '한가위'라고 합니다. 한가위를 다른 말로 '중추절(仲秋節)', '가배(嘉俳)'라고도 부릅니다. 중추절이라고 하는 것은 가을을 초추, 중추, 종추의 세 달로 나누어 음력 8월이 중추에 들었기 때문에 붙은 이름입니다. 또 한가위를 '추석(秋夕)'이라고도 하는데, 이는 '가을 저녁'이라는 뜻입니다.

우리 민족은 옛날부터 한가위를 일 년 중 가장 큰 명절로 삼아 왔습니다. 왜냐하면 이 때가 되면 들판에는 온갖 곡식들이 풍성하게 무르익고, 나무에는 여러 가지 과일들이 탐스럽게 익어 가기 때문입니다.

게다가 날씨는 덥지도 춥지도 않고, 하늘은 높고 푸르러서 사람들이 지내기에 가장 좋은 때이기도 합니다.

서양에도 우리의 한가위와 비슷한 추수감사절이 있습니다.

미국의 추수감사절은 모든 추수가 끝나는 11월에 있습니다.

그런데 우리의 한가위는 햇곡식과 햇과일이 막 나기 시작할 때입니다. 이는 햇곡식과 햇과일을 먼저 조상들에게 올리려는 정성어린 마음에서 비롯된 것입니다.

한가위가 되기 며칠 전, 먼저 조상의 산소를 찾아 풀을 뱁니다. 산소에 난 잡초를 뽑아 내고, 길게 자란 잔디를 베어 손질하는데, 이것을 '벌초'라고 합니다.

봄철, 한식 때 성묘를 하면서 손질을 하고, 가을이 되면 다시 여름 내내 자라난 풀을 베는 것입니다.

잡초가 무성하고, 허물어진 무덤은 보기에 좋지 않습니다. 그래서 자손들은 먼 길에도 조상의 산소를 찾아가서 벌초를 합니다. 조상의 산소를 정성껏 돌보는 일은 우리 민족의 아름다운 풍습이라 하겠습니다.

한가위가 되면 고향을 떠나 도시에 사는 사람들도 차례를 지내기 위해 고향으로 모입니다. 모든 차들이 고향으로 가는 도로로 몰려 나온 듯합니다. 그래서 이것을 '민족의 대이동'이라 부릅니다.

한가윗날 아침에는 모두들 일찍 일어나 새 옷으로 갈아입고 차례 모실 준비를 합니다. 그리고 햅쌀로 빚은 송편과 햇과일을 차려 놓고 차례를 지냅니다.

차례가 끝나면 온 가족이 둘러앉아 즐겁게 대화하며 차례 음식으로 아침을 먹습니다.

그리고 조상의 산소에 성묘를 갑니다. 간단한 음식을 가지고 가 산소 앞에 차려 놓고 절을 하는 것입니다.

차려 놓은 음식은 그 자리에서 다 같이 나누어 먹는데 이를 '음복'이라고 합니다.

뿔뿔이 흩어져 살던 식구들이 모처럼 모두 모여 조상의 산소에 성묘하고, 정다운 고향 산천을 둘러보는 것도 한가위가 아니면 하기 힘든 일입니다.

● **가배**

　한가위는 아주 오랜 옛날, 신라 때부터 시작된 풍습이라고 전해 오고 있습니다.

　신라 유리왕 때, 여섯 마을 부인들이 두 편으로 나뉘어 베짜기 시합을 했습니다. 두 공주를 양편의 우두머리로 삼아 시합을 했는데 고운 베를 많이 짜는 편이 이기는 내기였습니다.

　부인들은 음력 7월 16일부터 8월 14일까지 한 달 동안 밤 늦도록 부지런히 베를 짰습니다.

　마침내 8월 15일이 되면 이를 모아 승부를 가렸습니다.

　그리고 진 편에서는 이긴 편에 술과 음식을 대접하면서 모두 어울려 노래를 부르고, 춤을 추고, 여러 가지 놀이를 하며 즐거운 시간을 보냈습니다.

　이 때 진 편에서 슬픈 가락으로 '회소, 회소' 하는 노래를 불렀는데 이 노래를 '회소곡'이라 합니다.

　이 베짜기 시합을 '가배'라 했는데, 여기서 한가위가 비롯되었다고 합니다.

● 강강술래

　한가윗날 저녁이 되면 크고 둥근 달이 동산에 떠오릅니다. 한가위 달이 일 년 중 가장 크고 밝습니다. 하늘이 높고 맑기 때문에 그렇게 보이는 것입니다.

　떠오르는 달을 잘 보려고 뒷동산에 오르기도 했는데, 이것을 '달맞이'라고 합니다.

　하늘이 맑아야 밝은 달을 볼 수 있습니다. 밝은 달을 보면 마음도 즐거워집니다. 구름이 끼고 비가 와서 달을 못 보게 되면, 마음 또한 유쾌하지 못하고 우울해집니다.

　또 이 날 비가 오면 사람들은 다음해 보리 농사가 흉년이 든다고 매우 걱정을 했습니다.

　한가위는 모든 곡식이 익어 가는 때입니다. 곡식이 익을 때는 햇볕의 양이 충분해야 합니다. 그래서 가을비는 어디에도 이로울 것이 없습니다.

　어떤 해에는 태풍이 불고 비가 와서 다 지어 놓은 농사를 망치는 경우도 있습니다.

휘영청 밝은 달은 우리의 마음을 즐겁게 할 뿐만 아니라 농사에도 큰 도움이 됩니다.

한가윗날 달밤에는 지역에 따라 여러 가지 재미있는 놀이들이 펼쳐집니다.

씨름이나 가마싸움을 하는 곳도 있습니다.

그러나 그 중에서도 한가위를 대표하는 놀이라고 할 수 있는 것은 '강강술래'입니다. 강강술래는 전라남도 남해안 지방 여인들이 하던 놀이였습니다.

한가위 보름달이 떠오르면 마을 여인들은 곱게 차려입고 마을의 넓은 마당이나 평지에 모입니다. 그리고 20~30명 정도가 손에 손을 잡고 둥글게 원을 그리며 빙빙 돕니다. 처음에는 느린 속도로 걷다가 흥이 나면 차츰 빠른 속도로 띕니다. 뛰기도 하고 걷기도 하면서 속도를 조절합니다. 때로는 방향을 바꾸어 돌기도 합니다.

이 때 목청 좋은 사람이 맨 앞에 서서 먼저 노래를 부르면, 나머지 사람들은 '강강술래'라고 후렴을 합창합니다.

"달 떠 온다 달 떠 온다 강강술래

하늘에서 달 떠 온다 강강술래

달 위에는 별도 총총 강강술래

구름 속에 숨은 달은 강강술래

해만 빼쭉 끌었구나 강강술래"

대낮같이 밝은 한가위 달 아래, 추석빔을 곱게 차려입은 여인네들이 맑은 목소리로 강강술래를 노래합니다. 빙글빙글 춤추며 돌아가는 모습은 발랄하면서도 아름답습니다.

여인들은 힘이 다 빠져 지칠 때까지 노랫가락에 맞추어, 빠르게 혹은 천천히, 때로는 걷기도 하면서 신나게 놉니다.

이 놀이는 임진왜란 때 시작되었다고 합니다.

이순신 장군이 수군의 우두머리로 있을 때의 일입니다.

"큰일났습니다. 왜적이 몰려옵니다."

"당황하지 마라. 무슨 방법이 있을 게다."

이순신 장군은 뭐 좋은 방법이 없을까 생각했습니다. 왜적과 대항하기에는 우리 군사의 숫자가 턱없이 모자랐습니다. 그러나 그렇다고 해서 이대로 앉아서 당할 수는 없는 일이었습니다. 이순신 장군은 생각 끝에 부근의 부녀자들을 모아 바닷가 근처 산에 오르게 해서, 곳곳에 모닥불을 피워 놓고 그 주위를 빙글빙글 돌게 했습니다.

이것이 뒷날 강강술래라는 놀이로 발전한 것입니다.

강강술래는 강한 오랑캐가 물을 건너왔다는 뜻의 한자에서 유래된 이름이라고 하기도 합니다.

　또 우리말에서 유래되었다고도 합니다. '강강'의 '강'은 주위, 원이라는 전라도 말이고, '술래'는 '경계하라'는 뜻의 한자어인 '순라'를 가리킨다고 합니다. 따라서 '강강술래'는 '주위를 경계하라.'는 뜻이라고 합니다.

　강강술래는 여자들만이 할 수 있는 놀이였습니다. 부인네들끼리, 또 처녀들끼리 따로 노는 것이 보통이지만 젊은 여인네들이 뒤섞여 놀기도 합니다.

　전라도 지역에서 비롯된 강강술래는 전국적인 민속놀이로 발전했습니다.

9월

중양절 즈음이면 가을이 깊어집니다. 들에는 노란 국화가 탐스럽게 피어나고, 산에는 알록달록 색색의 단풍이 들어 어느 때보다 더 아름답습니다.

중양절

음력 9월 9일을 '중양절(重陽節)'이라고 합니다.

옛날 사람들은 홀수를 양수, 짝수를 음수라고 했습니다. 9는 양수 중에서 가장 큰 수입니다. 양수의 최고인 9가 겹쳤기 때문에 중양절이라고 하는 것입니다.

다른 이름으로 이 날을 '중구(重九)'라고도 부릅니다. 이것은 9라는 숫자가 겹쳤다는 뜻입니다.

절기가 늦으면 곡식이 미처 여물지 않아 한가위에 햇곡식을 먹지 못할 때가 있습니다. 묵은 곡식으로 한가위 차례를 지낸다면 조상님께 햇곡식을 맨 먼저 바친다는 차례의 의미가 덜 하겠지요.

그러나 중양절 즈음이 되면 대부분 햇곡식과 햇과일이 나게 됩니다. 그래서 어떤 지방에서는 한가위가 아니라 중양절에 차례를 지내는 경우도 있습니다.

이맘때쯤이면 농촌에는 가을이 깊어집니다. 감나무에는 먹음직스러운 빨간 감이 주렁주렁 달리고 울타리 밑에는 노란 국화가 피기 시작합니다.

이 날 각 가정에서는 노란 국화꽃을 따다가 찹쌀 가루에 넣어 떡을 지져 먹습니다. 이것이 국화떡입니다.

삼월 삼짇날, 진달래로 진달래떡을 만들어 먹는 것처럼 국화 향기로 가을의 멋을 즐길 수 있는 계절 음식입니다. 이렇게 철마다 꽃잎을 따다가 떡을 지져 먹는 것을 '화전'이라고 합니다. 다른 말로는 '꽃지짐'이라고도 합니다.

또 국화꽃을 넣어 술을 담그기도 합니다. 이것이 바로 국화주입니다. 옛날 중국에서는 국화주를 마시면 늙지도 않고 건강하게 오래 산다고 하여 국화주를 귀하게 여겼습니다.

미처 국화주를 담그지 못했을 때는 금방 딴 국화꽃잎을 술잔에 띄워 마시는 것도 가을철에 느낄 수 있는 색다른 멋입니다.

국화는 가을의 대표적인 꽃입니다. 가을이 되면 우리나라의 산과 들에는 여러 종류의 국화가 앞을 다투어 피어납니다.

다른 식물들은 서리를 맞고 시들어 버리는데 국화만은 홀로 서서 꼿꼿한 절개를 자랑합니다.

그래서 옛날부터 선비들은 절개가 굳은 국화를 사랑했습니다. 왕이 신하에게 노란 국화를 상으로 준 일도 있었습니다.

그리고 중양절에는 삼월 삼짇날 날아왔던 제비들이 다시 남쪽으로 돌아간다고 합니다.

겨울이 오기 전에 추위를 피해 따뜻한 곳으로 날아가는 것입니다. 그래서 빨랫줄에 나란히 앉아 있는 제비들을 흔히 볼 수 있었습니다.

제비들은 여름 동안 알을 낳아 새끼를 까서 한 가족을 이루었습니다. 새끼들도 엄마만큼 커서 어느 것이 어미고, 어느 것이 새끼인지 알아볼 수 없습니다.

제비가 떠나 버리면 여름내 소란스럽던 처마 밑과 빨랫줄은 한가해집니다. 덩그러니 남아 있는 빈 둥지는 허전한 느낌을 줍니다. 이제 눈보라치는 겨울도 머지않았습니다.

바깥 날씨는 아침 저녁으로 하루가 다르게 변합니다. 서리 맞은 나뭇잎들은 여러 가지 색으로 변하기 시작합니다.

단풍나무 잎은 빨간색으로, 은행나무 잎은 노란색으로, 저마다 예쁘게 단장을 합니다.

가을의 산은 이처럼 갖가지 단풍 색과 소나무의 푸른색이 어우러져 어느 때보다 더 아름답습니다. 어떤 산은 빨갛게 물든 단풍으로 불타오르는 듯합니다.

우리나라 단풍은 색이 곱기로 세계적으로 유명합니다. 이렇게 고운 단풍이 드는 이유는 밤낮의 기온 차이가 심하고, 기온이 빠르게 내려가기 때문입니다.

특히 설악산의 단풍은 험준한 바위산과 함께 아름다운 장관을 이룹니다. 온통 단풍나무로 덮인 내장산의 단풍도 너무나 유명합니다.

또 속리산, 지리산의 단풍도 볼 만하고, 북한의 금강산과 묘향산 단풍은 옛날부터 이름이 났습니다.

지금도 단풍철이 되면 단풍 구경을 하려고 멀리 나서는 사람이 많지만 우리 조상들도 단풍 구경을 위해 봇짐을 지고 집을 나서는 사람이 많았습니다.

선비들은 중양절에 음식을 장만하여 산으로 올라가 단풍놀이를 즐기기도 했습니다.

10월

음력 10월이 되면 사람들은 이제 본격적으로 겨울맞이 준비를 시작합니다. 김장은 온 가족이 겨울 동안 먹을 반찬을 준비하는 중요한 행사입니다.

상달

● 시제

음력 10월이 되면 모든 농작물은 가을걷이가 끝나고, 사람들은 겨울맞이 준비를 시작했습니다.

사람들이 가장 먼저 하는 일은 제사를 지내는 일이었습니다. 이것은 올해도 풍년이 들어 겨울을 잘 넘길 수 있도록 해 준 여러 신들에 대한 감사의 표시였습니다.

그래서 10월을 '상달'이라고 불렀습니다. 상달이란 '10월이 일 년 중 최고로 신성한 달'이라는 뜻입니다.

제사에는 마을에서 모두 함께 지내는 제사도 있고, 집집마다 따로 지내는 제사도 있습니다. 그리고 땅의 신에게 지내는 제사도 있습니다.

이 중에서 가장 대표적인 제사는 '시제'입니다. 시제는 '10월에 지내는 시절 제사'라는 뜻입니다. 위로는 왕과 신하들이 종묘 사직에 제사를 올리고 아래로는 백성들이 5대조 이상의 조상에게 제사를 지냅니다.

시제 때가 되면 일가친척들이 조상의 산소에 제사를 지내기 위해 모여들었습니다.

시제 때 쓰는 제물은 후손들이 돈을 내어 마련하기도 하고, 집안에서 사 놓은 논과 밭에서 나오는 수확물을 팔아서 마련하기도 했습니다.

시제 때 많은 자손들이 모여드는 것은 그만큼 집안이 번창한 것을 뜻했습니다.

이 때 모인 후손들은 훌륭한 조상에 대한 이야기를 나누었습니다. 그리고 후손들끼리 안부를 묻고, 그 동안에 밀린 이야기를 하며 정을 나누었습니다.

그러나 이 시제 풍습도 점점 사라져 가고 있습니다. 그에 따라 일가끼리의 정도 없어져 가는 것은 안타까운 일입니다.

● **김장**

10월은 겨울을 앞두고 있기 때문에 이 때부터 날씨가 추워지기 시작합니다. 겨울 준비를 서둘러야 할 때입니다.

겨울이 되면 모든 식물이 다 시들어 봄이나 여름처럼 신선한 채소를 먹을 수 없습니다. 또 반찬거리도 줄어듭니다. 결국 대부분의 가정에서는 겨울 동안의 반찬을 김치에 크게 의존할 수밖에 없습니다.

그래서 옛날부터 겨울 식량을 마련하고, 땔감을 준비하고, 김장을 담그면 겨울 지낼 준비는 끝났다고 했습니다.

김치는 우리나라 사람들의 대표적인 반찬입니다.

김치가 없으면 아무리 맛있는 반찬이 많아도 무엇인가 허전하고 입맛이 나지 않습니다.

김치의 재료인 배추와 무도 이 시기가 지나면 귀해지기 때문에 배추와 무가 흔할 때 겨울 내내 먹을 김장을 해야 합니다.

농촌에서는 식구들이 먹을 무와 배추를 직접 재배합니다. 도시에서는 식구 수에 맞추어 필요한 만큼 사들입니다.

김장에는 보통 김치 담글 때보다 무와 배추가 많이 필요합니다. 따라서 힘도 더 많이 듭니다.

김장은 온 가족이 겨울 동안 먹을 김치를 담그는 것입니다. 김장 담그기는 초겨울의 큰 행사입니다.

김장철이 되면, 모든 가정 주부들은 좋은 김장 재료를 하나하나 고르고 준비하느라 바빠집니다.

김장 김치에는 무, 배추 외에 들어가는 양념도 많습니다. 소금, 파, 마늘, 고춧가루, 갓, 젓갈, 미나리, 밤 같은 것이 들어갑니다. 이 밖에도 셀 수 없을 정도입니다. 지방마다 넣는 재료에 차이가 있기 때문입니다.

이 중에서 없어서는 안 되는 것이 고춧가루입니다. 그런데 이 고춧가루가 우리나라에 들어 온 것은 겨우 400여 년밖에 안 됩니다.

그 전에는 고춧가루가 안 들어간 음식을 먹었습니다. 그래서 제사 음식에는 고춧가루를 쓰지 않습니다.

고춧가루가 안 들어간 음식만 먹는다고 한 번 상상해 보세요. 어땠을까요?

각 가정에서는 이러한 김장 재료들을 모두 마련합니다. 그리고 배추는 절이고 무는 채를 썰어 김장을 시작합니다.

양념들은 모두 깨끗이 씻고 다듬어 무채와 버무립니다. 이것을 미리 절여 둔 배추 속에 골고루 넣어 김장독에 담으면 비로소 김장이 끝이 납니다.

김장 김치는 온도가 일정해야 맛있게 익고, 또 오래 두어도 변하지 않습니다. 김칫독에 햇볕이 들어도 안 됩니다. 그렇다고 김치가 얼어도 안 됩니다. 가장 좋은 방법은 김칫독을 온도가 잘 변하지 않는 땅 속에 묻는 것입니다.

오늘날에는 이 원리를 이용하여 온도를 일정하게 유지시켜 주는 김치 냉장고가 나와 있습니다.

김장 김치는 날씨가 추워지면서 천천히 익기 시작합니다. 시원하게 익은 김장 김치는 그것만 있으면 다른 반찬은 필요

없을 정도로 맛이 좋습니다.

　김치의 종류 또한 무수하게 많습니다. 대표적인 것은 배추 김치지만, 동치미나 총각김치도 빼놓을 수 없습니다.

● 손돌바람

　음력 10월 하순이 되면 세찬 바람이 불고, 하루가 다르게 날씨가 추워집니다. 겨울이 다가옴을 알려 주는 것입니다.

　사람들은 이 때 부는 매서운 찬 바람을 '손돌바람'이라고 부릅니다. 손돌바람에 대해서는 다음과 같은 전설이 전해 내려오고 있습니다.

　옛날 고려 시대 때, 몽골이 우리나라를 침략했을 무렵의 일입니다.

　손돌이라는 노를 잘 젓는 뱃사공이 있었습니다. 이 손돌이 강화도로 건너가는 왕의 배를 젓게 되었습니다.

　제일 뛰어난 뱃사공으로 손돌이 뽑힌 것입니다.

그 날따라 물결은 높고 바람은 세차게 불었습니다. 손돌은 있는 힘을 다해 노를 저었으나 바람 때문에 배가 자꾸만 엉뚱한 곳으로 가는 것이었습니다. 거센 물결에 휩싸여 배는 방향을 잃고 말았습니다.

사람들은 손돌이 나쁜 마음을 품고 있다고 생각했습니다. 왕을 해치려고 일부러 배를 험한 곳으로 몬다고 여겼습니다. 그래서 왕에게 손돌을 벌주라고 청했습니다.

왕도 화가 났습니다.

"어찌하여 배가 다른 쪽으로 가느냐?"

"바람 때문에 물결이 사나워 저도 어쩔 수 없습니다."

왕은 정말 손돌이 나쁜 마음을 품고 있다고 믿었습니다.

"손돌의 목을 베라."

손돌이 죽자 바람은 더욱 세차게 불고 파도는 더욱 높아졌습니다. 사공을 잃은 배는 금방이라도 뒤집힐 것만 같았습니다.

물결을 따라 흘러 간 배는 다행히 강화도에 닿았습니다. 겨우 죽을 고비를 넘긴 것입니다.

이러한 일이 있은 뒤부터 손돌이 죽은 10월 20일이 되면 해마다 매섭고 강한 바람이 불었습니다.

사람들은 이 바람이 억울하게 죽은 손돌의 원한 때문에 일어나는 것이라고 생각했습니다.

그래서 이 때 부는 바람을 '손돌바람'이라고 불렀습니다.

또한 손돌이 죽음을 당한 험한 뱃길에 '손돌목'이라는 이름을 붙여 손돌의 원통함을 조금이나마 달래도록 했습니다.

강화도 사람들은 해마다 손돌바람이 불 떠면, 배를 타고 바다에 나가는 것을 꺼립니다.

육지와 강화도를 가르는 이 손돌목은 물살이 세기로 유명합니다. 서북풍이 부는 겨울철에는 더욱 험한 뱃길입니다.

고려를 쳐들어온 몽골군은 이 물살 때문에 강화도에 쉽게 발을 들여놓을 수 없었다고 합니다.

지금은 이 곳에 강화대교가 놓여 차를 타고 쉽게 손돌목을 건너게 되었습니다.

11월

동짓날에는 새알심을 넣고 팥죽을 끓여 먹습니다.
붉은팥으로 끓인 팥죽을 먹으면
붉은색을 싫어하는 귀신이
가까이 오지 못한다고 믿었기 때문입니다.

　일 년 중 밤이 가장 길고, 낮이 가장 짧은 날이 '동지(冬至)'입니다. 양력으로는 보통 12월 22일쯤입니다. 이 때부터 겨울다운 추위가 시작됩니다.
　동지는 음력으로는 11월에 들게 되므로, 음력 11월을 동짓달이라고 부릅니다. 옛날에는 동지를 '작은 설'이라고 부르기도 했습니다.

달력이 아직 없었을 때는 해의 움직임이 바로 사람들이 활동하는 기준이었습니다. 해가 떠서 날이 밝아 사람들이 일을 시작할 수 있게 되면, 이것이 하루의 시작입니다. 그리고 해가 져서 어두워지면 일도 못 하고, 만물은 모두 어둠 속으로 숨어 버립니다. 이 때가 바로 하루의 끝이었습니다.

이와 같이 하루는 해가 뜨면서 시작되고, 해가 지면서 끝이 났습니다.

마찬가지로 한 해의 시작과 끝도 낮의 길이로 재었습니다. 낮이 짧아져 가다가 가장 짧게 된 날이 한 해의 끝이라고 믿었습니다. 그 다음날부터 낮이 점점 길어지면 그 때부터 새해가 시작된다고 생각했습니다.

동양에서는 동짓날을, 해가 힘을 잃고 죽어 가다가 다시 살아나는 날로 여겼습니다. 그래서 한때는 동지가 지난 다음 달인 섣달을 정월로 삼은 적도 있었습니다.

동짓날에는 팥죽을 끓여 먹습니다. 팥죽에는 찹쌀가루로 새알심을 만들어 넣어 함께 먹었습니다. 옛날에는 동짓날 팥죽을 먹으면 진짜로 나이를 한 살 더 먹는다고 여겼습니다.

 동짓날 팥죽은 반드시 붉은팥으로 끓였습니다. 붉은색은 귀신이 싫어한다고 믿었던 것입니다.

 옛날에는 동지가 되면 천문, 지리, 기후 관측 등을 맡아보았던 관상감에서 달력을 만들어 궁궐에 바쳤습니다. 그러면 나라에서는 옥새를 찍어 관리들에게 나누어 주었고, 관리들은 서로 달력을 선물했습니다.

 달력에는 일 년 24절기가 자세히 적혀 있어 농사지을 때 꼭 필요했습니다. 달력은 여러 손을 거쳐 농촌의 농부에게도, 산지기와 묘지기에게도 전해졌습니다.

 요사이 연말 연시에 달력을 선물로 주고받는데, 이것은 옛날의 풍습이 전해 내려온 것입니다.

 동지 때가 되면 제주도에서는 귤과 유자를 왕에게 바쳤습니다. 겨울철은 싱싱한 과일이 귀할 때입니다. 그런데 제주도에서는 이 때 귤이 노랗게 익습니다. 이것을 제주도에서 서울까지 짊어지고 오는 것입니다.

귤을 짊어지고 오는 사람은 일부러 허름한 옷을 입고 궁궐에 들어왔습니다. 그러면 나라에서 두툼한 겨울옷을 한 벌씩 내려주었다고 합니다.

 서울 사람들은 따뜻한 남쪽 지방에서 난 귤이 신기할 수밖에 없었습니다. 빛깔도 곱고, 향기도 좋으며, 맛도 새콤달콤한 귤이 신기하기만 했습니다.

 귤이 올라오면 나라의 사당인 종묘에 올려, 먼저 조상께 바쳤습니다. 그리고 신하들에게 나누어 주었습니다. 그러면 신하들은 귀한 것을 얻고, 글을 지어 감사의 뜻을 표하기도 했습니다. 귤은 성균관의 공자 사당에도 올라갔습니다. 그리하여 성균관 학생들도 귤 맛을 보게 되었습니다. 이를 기념하여 과거 시험을 보는 때도 있었습니다.

 이처럼 귤은 보통 사람들에게는 좀처럼 맛볼 수 없는 귀한 과일이었습니다.

12월

섣달 그믐날 밤에 잠을 자면 눈썹이
하얗게 센다는 이야기가 있습니다.
그래서 집집마다 어린아이들이 졸린 눈을 비비며
잠들지 않으려고 애를 쓰고는 했습니다.

납일

동지가 지나고 20~30일 뒤에 오는 '양의 날'을 '납일(臘日)'이라고 합니다. 이 때문에 음력 12월을 섣달이라고도 하지만, '납월'이라고도 부릅니다.

납일의 풍습은 옛날 사냥 풍습에서 비롯될 것입니다.

옛날 북쪽의 부여나 고구려 사람들은 주로 사냥을 해서 먹고살았습니다.

부여에서는 12월에 온 나라 사람들이 모여 함께 사냥을 했습니다. 그리고 그 때 잡은 짐승들로 산천에 제사를 지냈습니다. 이 제사를 '맞이굿'이라고 했는데, 이것이 바로 납일의 유래입니다.

이 사냥 풍습은 대대로 이어져 조선 시대까지 내려왔습니다.

납일이 가까워지면, 경기 지방 원님들은 여러 명의 포수를 시켜 산과 숲을 뒤져 멧돼지나 노루, 사슴, 토끼 같은 짐승들을 사냥했습니다.

이렇게 잡은 산짐승들은 나라에 바쳐집니다. 나라에서는 이들 짐승을 납일날 종묘에 올려 제사를 지냈습니다. 그리고 이것을 '납향'이라고 했습니다.

이 때에 잡은 짐승은 누린내가 나지 않고 고기맛이 좋아 사람에게 이롭다고 여겼습니다.

민간에서는 참새를 잡는 풍습이 있었습니다.

날이 어두워지면 서너 사람이 한패가 되어 참새잡이에 나섰습니다. 초가 지붕 처마에는 참새들이 많이 살고 있습니다.

참새를 잡을 때는 사다리를 놓고 올라가서 잡았습니다. 어떤 때는 참새 집에 뱀이 들어 있기도 해서, 깜짝 놀라 사다리에서 굴러 떨어지기도 했습니다.

대나무밭에도 참새들이 많이 모여 있습니다. 그래서 한쪽에 그물을 치고 대나무를 흔들어 참새를 잡기도 했습니다.

겨울철 참새는 맛이 아주 좋은데, 어린아이가 납일에 참새 고기를 먹으면 천연두를 앓지 않는다고 하여 일부러 사서 먹이는 사람도 있었습니다.

이 날 먹은 참새 한 마리는 보통 때 황소 한 마리 먹는 것과 같다는 이야기도 있었습니다.

한편, 납일에 내린 눈은 약이 된다고 해서 이 날 눈이 내리면 집집마다 깨끗한 그릇에 눈을 받아 독에 가득 넣어 두기도 했습니다. 이 눈이 녹은 물을 '납설수'라고 하는데, 환약을 만들 때 반죽에 넣기도 하고, 눈병이 났을 때 눈을 씻기도 했습니다.

또한 납설수로 장을 담그면 구더기가 생기지 않는다고 해서 장을 담글 때 넣기도 했습니다.

김장독에 납설수를 넣어 두면 김치 맛이 변하지 않는다는 이야기도 있었습니다. 산성눈이 자주 내리는 오늘날에는 생각할 수도 없는 일입니다.

또 납일에는 내의원이라고 하는 궁궐 안 병원에서 약을 만들어 왕에게 바쳤습니다.

이 때 바치는 약을 '납약'이라고 불렀습니다. 왕은 이 납약을 신하와 궁궐 사람들에게 나누어 주었습니다. 주로 급할 때 쓰는 구급약들이었습니다.

그 중에 청심환이란 알약이 있습니다. 우리나라 청심환은 약효가 좋아서 중국에까지 소문이 났습니다. 중국 사람들은 청심환을 죽어 가는 사람도 살려 내는 신비한 약으로 여기고, 우리나라 사신이 중국에 가면 청심환을 구하려고 앞을 다투어 부탁했습니다.

이 청심환 만드는 법도 본래는 중국에서 배워 온 것이었는데, 나중에는 우리나라 사람들이 중국 사람들도 감탄하는 약을 만들었다고 합니다.

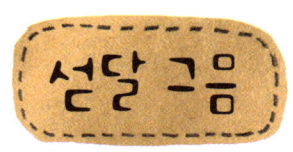

섣달 그믐

음력 12월 말일을 '섣달 그믐'이라고 합니다. 이 때가 되면 묵은 해를 보내고 새해를 맞이하기 위하여 바빴습니다.

여인네들은 집안 식구들의 설빔을 마련하느라 바빴습니다. 동네 이 집 저 집에서는 밤늦도록 설빔 지을 옷감에 다듬이질 하는 소리가 끊이질 않았습니다.

섣달 그믐날이면 그 해도 이제 하루밖에 남지 않습니다.

아이들은 이 날을 '까치 설날'이라고 부르기도 했습니다.

섣달 그믐날에는 할 일이 참 많았습니다.

어머니와 누이들은 설 음식을 만들기에 바빴습니다.

설 음식을 '세찬'이라고 하는데, 세찬 중에서 대표적인 것은 떡국이었습니다.

떡 만드는 일은 어머니와 누이들의 몫이었지만, 떡 치는 일은 아버지의 몫이었습니다.

여인네들이 세찬을 장만하느라 바쁘게 움직일 때 남자들은 집 안팎을 청소했습니다. 어지러진 것을 정리하고 묵은 먼지를 털어 낸 뒤, 정결하게 새해를 맞이하자는 것입니다.

옛날 사람들은 주변을 깨끗이 함으로써 나쁜 일들이 모두 물러간다고 생각했습니다.

대청소와 함께 하는 중요한 일은 천장에 매달아 놓았던 메주를 떼어 내는 일이었습니다. 지난 10월에 만들어 매달았던 메주입니다. 메주는 콩을 삶아서 만든 것으로 간장, 된장, 고추장 등의 장을 담글 때 들어가는 재료입니다. 떼어 낸 메주는 먼지를 털어 보자기에 싸서 방 한쪽 구석에 쌓아 두었습니다. 메주가 잘 떠야 장맛이 좋았습니다.

이 날은 집안 청소뿐만 아니라 몸 청소도 했습니다. 전에는 집집마다 목욕탕이 없었습니다. 물론 마을 공동 목욕탕도 없었습니다. 그래서 시골에서는 찬 바람이 부는 겨울이면 목욕을 하지 못했습니다. 그래도 섣달 그믐날에는 깨끗한 몸으로 새해를 맞기 위해 추운 것도 참고 목욕을 했습니다.

섣달 그믐날 저녁이면 가마솥에 물을 한 솥 가득 끓였습니다. 온 가족이 모두 목욕을 하려면 많은 양의 물이 필요하기 때문이었습니다.

그리고 바람막이가 있는 아늑한 곳에 함지박을 갖다 놓았습니다. 그 곳에서 식구들이 차례차례 목욕을 했습니다.

깨끗한 몸과 마음으로 새해를 맞이하려는 생각에 추운 줄도 몰랐습니다.

그리고 섣달 그믐날 저녁에는 조상을 모신 사당에 모여 조상님께 절을 올렸습니다. 집안 어른들께도 절을 했습니다. 이 것을 '묵은 세배'라고 합니다.

묵은 세배는 한 해를 마무리하는 인사입니다. 한 해의 마지막 날 조상님과 어른들께 예의를 갖추는 것입니다.

밤이 깊어도 어머니의 손길은 쉴 줄을 몰랐습니다. 아직 설맞이 준비가 끝나지 않았기 때문입니다.

또 섣달 그믐날 밤에 잠을 자면 눈썹이 하얗게 센다는 이야기가 있습니다.

아이는 밤이 깊어지면 졸음이 몰려옵니다. 그러나 이 날만

큼은 마음놓고 잠을 잘 수가 없었습니다. 자꾸만 감기는 눈을 계속 비비면서 잠들지 않으려고 애를 썼습니다. 자다가 눈썹이 하얗게 세면 큰일이기 때문이었습니다.

그러나 조금 뒤 아이는 쌔근쌔근 숨소리를 내며 잠이 들게 마련이었습니다. 그러면 손위 누이들이 아이의 눈썹에 하얀 밀가루를 뿌려 놓았습니다.

어느덧 자정이 넘어 새해가 되면 어둠 속에서 복조리 장수의 외침 소리가 들려왔습니다.

"복조리 사려, 복조리 사려!"

정월 초하룻날 조리를 사면 복이 가득 담겨 들어온다고 했습니다. 그래서 복조리라는 말이 생겼습니다.

우리 전통문화 바로알기
열두 달 우리 민속

1판 1쇄 발행 | 2009. 12. 27.
1판 5쇄 발행 | 2016. 9. 26.

옛이야기 연구회 글 | 김연정 그림
한국아동문학인협회 추천

발행처 김영사 | 발행인 김강유
편집주간 전지운 | **편집** 고영완 문자영 김지아 박은희 김효성 김선민 김보민
디자인 김순수 김민혜 윤소라 | **해외저작권** 김소연
마케팅부 이재균 곽희은 김영준 백미숙 이호윤 이연구 | **제작부** 김일환
등록번호 제 406-2003-036호 | 등록일자 1979. 5. 17.
주소 경기도 파주시 문발로 197 (우-10881)
전화 마케팅부 031-955-3100 | 편집부 031-955-3113~20 | 팩스 031-955-3111

ⓒ 2009 김영사
저자와 출판사의 허락없이 내용의 일부를 인용하거나 발췌하는 것을 금합니다.

값은 표지에 있습니다.
ISBN 978-89-349-3684-8 74900

좋은 독자가 좋은 책을 만듭니다.
김영사는 독자 여러분의 의견에 항상 귀 기울이고 있습니다.
독자의견 전화 031-955-3139|전자우편 book@gimmyoung.com
홈페이지 www.gimmyoungjr.com|어린이들의책놀이터 cafe.naver.com/gimmyoungjr

⚠주의 책 모서리에 찍히거나 책장에 베이지 않게 조심하세요.